Gymnasium Bayern

Deutschbuch

Arbeitsheft 6

Rechtschreibung
Grammatik
Aufsatztraining
Arbeitstechniken
Grundwissen sichern

Herausgegeben von
Wilhelm Matthiessen (München),
Bernd Schurf (Neuss) und
Wieland Zirbs (Passau)

Erarbeitet von
Christl Ostertag (München),
Annegret Schneider (München) und
Konrad Wieland (Deggendorf)

Cornelsen

Inhaltsverzeichnis

☆ *Aufgaben mit erhöhtem Schwierigkeitsgrad*

*Du kannst dieses Arbeitsheft auch bei der **Freiarbeit** verwenden. Mit dem **Lösungsheft** kannst du deine Lernergebnisse selbst überprüfen.*

Wie bereite ich mich auf Schulaufgaben vor?

1 *a) Kreuze bei den folgenden Übungen erst in der linken Spalte den Satz an, der deinen üblichen Vorbereitungen für Schulaufgaben am meisten entspricht. Es sind Mehrfachnennungen möglich und du kannst auch selbst ergänzen.*
b) Lies dann den Informationstext in der rechten Spalte.
c) Schreibe schließlich als Ergebnis sinnvolle Merksätze für die Vorbereitung der Schulaufgabe auf.
d) Gleiche den Merksatz abschließend mit dem links angekreuzten eigenen Verhalten ab. Kannst du etwas daran verbessern?

1. Wann beginne ich die Vorbereitungen?

- ☐ Ich bereite mich am Vortag der Schulaufgabe vor, damit ich nicht so viel vergessen kann.
- ☐ Ich erledige die Vorbereitungen während der Busfahrt zur Schule. Das reicht für mich.
- ☐ Unangenehme Dinge schiebe ich immer bis auf den letzten Drücker hinaus.
- ☐ Ich beginne rechtzeitig die Vorbereitungen, um am Vortag nur leichte Wiederholungen zu machen.
- ☐ ______________________________

____

____

TIPP

Dir ist vielleicht auch schon einmal bei einer Schulaufgabe nichts mehr eingefallen, obwohl du am Vortag alles gelernt hast. Einen solchen „Black-out" bekommt man, wenn man zu sehr in Stress gerät, Angst hat oder sich sehr unsicher fühlt.
Wenn du „auf den letzten Drücker" mit den Vorbereitungen beginnst, entsteht leicht Angst, dass die Zeit vielleicht doch nicht reicht. Dann sitzt du stundenlang verbissen und verkrampft bei den Vorbereitungen und das Lernen wird immer chaotischer. Mit dieser Angst gehst du in die Schulaufgabe, die dann ebenso chaotisch wird.
Wenn du dich dagegen rechtzeitig auf die Schulaufgabe vorbereitest, kannst du diesen Stress vermeiden. Am Vortag der Schulaufgabe brauchst du dann keinen neuen Stoff mehr zu lernen, sondern das vorher Gelernte nur zu wiederholen. Dadurch bist du vor einer Arbeit auch nicht mehr so nervös.

Merksatz: ______________________________

____

2. Wie und wie lange soll ich mich vorbereiten?

- ☐ Ich arbeite möglichst an einem Stück, ohne mich ablenken zu lassen.
- ☐ Für Schulaufgaben arbeite ich meist bis tief in die Nacht.
- ☐ Ich verteile den Lernstoff auf mehrere Tage.
- ☐ ______________________________

____

TIPP

Man kann nicht fünf Stunden hintereinander lernen. Du sitzt dann zwar noch am Schreibtisch und beruhigst dein Gewissen, aber das Gehirn nimmt nichts mehr auf. Zudem dauert es einige Zeit, bis man den Leistungshöhepunkt erreicht.
Verschwende also keine Zeit und lerne in kleinen, überschaubaren Portionen. Wenn du deinen Lernstoff auf mehrere Tage verteilst, prägst du dir den Stoff besser ein, fühlst dich sicherer und gehst lockerer in die Schulaufgabe.

Merksatz: ______________________________

____

3. Wie plane ich meine Vorbereitungen?

☐ Ich überlasse die Vorbereitungen für Schulaufgaben dem Zufall.

☐ Ich hoffe auf Pausen zwischen meinem Freizeitprogramm.

☐ Meine Mutter sagt mir immer, wann ich für die Schulaufgaben lernen muss.

☐ Ich notiere mir die Zeiten für die Vorbereitung der Schulaufgabe in einem Terminkalender.

☐ ______________________

____

____

____

TIPP

Nicht nur bei den Hausaufgaben, sondern auch bei den Vorbereitungen der Schulaufgaben musst du sorgfältig planen. Manchmal gibt es zwei Schulaufgaben in der Woche, dazwischen vielleicht auch eine Stegreifaufgabe. Hinzu kommen noch viele andere Termine. Um das alles zu „managen", brauchst du einen Terminkalender, in den du alle Schulaufgaben und die Vorbereitungsphasen einträgst. Sinnvoll ist auch ein Wandkalender über deinem Schreibtisch, den du jeden Tag bei den Hausaufgaben siehst. Ratsam ist es, mindestens eine Woche vorher den Plan zu erstellen und regelmäßig zu ergänzen.

Terminkalender: *8. Woche*

Montag	*Vorb. für Schulaufgabe Mathe*
Dienstag	
Mittwoch	*Schulaufgabe Mathe*
Donnerstag	
Freitag	*Vorb. f. Schulaufgabe Deutsch*
Samstag	*Fußball!*
Sonntag	*Vorb. f. Schulaufgabe Deutsch*

Terminkalender: *9. Woche*

Montag	
Dienstag	*Schulaufgabe Deutsch*
Mittwoch	
Donnerstag	
Freitag	
Samstag	*Fußball*
Sonntag	*Mamas Geburtstag*

Merksatz: ______________________

____

4. Wie sieht ein brauchbarer Stichwortzettel aus?

☐ Ich schreibe mir alles, was ich wichtig finde, auf einen Zettel.

☐ Ich wähle nur wenige Begriffe, Daten, Regeln für den Stichwortzettel.

☐ Ich schreibe verschiedene Zettel.

☐ Ich fasse das Wichtigste des Lernstoffes zusammen und schreibe es gegliedert auf.

☐ ______________________

Unfallbericht
- *wichtigste Fakten: wer, was, wo, wann, wie, warum, mit welchen Folgen?*
- *sachliche Wiedergabe, keine persönliche Meinung*
- *Wichtiges von Unwichtigem trennen*
- *zeitliche Reihenfolge beachten*
- *Tempus: Präteritum*

TIPP

Vielleicht hast du auch schon bemerkt: Was man einmal aufgeschrieben hat, hat man schon so gut wie im Kopf. Deshalb solltest du auf einem Stichwortzettel die wichtigsten Begriffe, Daten und Regeln zusammenfassen. Dabei ist besonders eine übersichtliche Gliederung wichtig. Für die abschließende Wiederholung des Lernstoffs hast du dann gleich noch einmal alles auf einen Blick parat.
Um einen Stichwortzettel anzulegen, schreibst du am besten alle wichtigen Informationen auf ein großes DIN-A4-Blatt, möglichst schon gut gegliedert. Dann nimmst du ein Blatt der halben Größe, ein DIN-A5-Blatt, und schreibst nur das Wichtigste von deinem ersten Zettel heraus. Schließlich kannst du versuchen die Informationen noch einmal zu halbieren und auf einem DIN-A6-Blatt zusammenzufassen. Bei jeder Zusammenfassung prüfst du, ob die Reihenfolge deines Merkwissens auch sinnvoll ist.

Merksatz: ______________________

____

5. Wie kann ich mich auf die Zeiteinteilung vorbereiten?

- [ ] Ich kann die verfügbare Zeit gar nicht ausfüllen, da mir oft nichts einfällt.
- [ ] Ich verlasse mich auf mein Gefühl.
- [ ] Ich spiele die Situation der Schulaufgabe zu Hause durch.
- [ ] Jeder Gedanke an Schulaufgaben macht mich nervös.
- [ ] ______________________________

____

TIPP

Sicher hast du schon einmal festgestellt, dass du mit der Schulaufgabe nicht rechtzeitig fertig geworden bist. Die Zeit für Schulaufgaben ist begrenzt und du stehst leicht unter Zeitdruck. Dabei verkrampfst du dich mehr und mehr. Ein solcher Stress ist schlecht, das weißt du schon. Zudem ist die Arbeitssituation ungewohnt: Man darf nicht reden, man muss allein arbeiten.
Es ist eine gute Vorbereitung für Schulaufgaben, wenn du bestimmte Aufgaben unter Zeitdruck probeweise durcharbeitest, d. h. die Schulaufgabe oder einen Teil der Schulaufgabe simulierst. Am besten, du machst eine solche Übung mit deinen Freunden oder Freundinnen. Ihr stellt dann einen Wecker und arbeitet nach der exakten Zeitvorgabe bestimmte Aufgaben durch. Diese Erfahrung zeigt dir, wie du dich in einer bestimmten Zeit auf das Wichtigste beschränken kannst, ohne nervös zu werden.

Merksatz: ______________________________

____

6. Wie vermeide ich es, mich vor der Schulaufgabe noch verrückt machen zu lassen?

- [ ] Ich lese auf der Busfahrt zur Schule alles noch einmal nach.
- [ ] Ich lasse mir von anderen sagen, welche Übungen wichtig sind.
- [ ] Ich nehme Baldriantropfen zur Beruhigung.
- [ ] Ich rede möglichst nicht von der Schulaufgabe, um mich besser konzentrieren zu können.
- [ ] ______________________________

____

TIPP

Nervosität bei Schulaufgaben ist normal und kann die Leistung auch steigern. Auf keinen Fall solltest du Beruhigungsmittel nehmen.
Es ist auch nicht sinnvoll, kurz vor der Schulaufgabe Berichte von anderen anzuhören, wie toll sie gelernt hätten, was sie alles könnten und was ihrer Meinung nach garantiert gefragt werde. Solche hektischen Diskussionen belasten nur und erzeugen Unsicherheit. Lass dich nicht darauf ein, bleibe gelassen und gib dich zufrieden mit den geleisteten Vorbereitungen. Ruhig bleiben, ist die Devise. Sage dir, dass du gut gelernt hast, dass du das Wichtigste weißt und dass nichts schiefgehen kann.

Merksatz: ______________________________

____

Wie verhalte ich mich während einer Schulaufgabe?

1 *Übertrage die passenden Arbeitsschritte in die entsprechenden Lücken.*

8. Beim Abgeben der Arbeit weiß ich: Ich habe mein Möglichstes getan.

7. ______________________________

6. Wenn ich zweifle und unsicher bin, verändere ich nichts.

5. ______________________________

4. Nach jeweils zehn Minuten mache ich eine kleine Atempause (eine Minute).

3. ______________________________

2. ______________________________

1. Ich bin gut vorbereitet und weiß, dass ich den Stoff beherrsche. Deshalb lasse ich mich auch von Mitschülern nicht verrückt machen.

Ich überprüfe, ob ich gezielt und präzise auf die Fragestellung eingehe.

Ich lese die Aufgabenstellung gründlich durch, um mir klarzumachen, was genau gefragt ist.

Am Schluss überprüfe ich die Arbeit auf Sprachrichtigkeit (Satzzeichen, Rechtschreibung, Grammatik).

Ich warte ruhig und aufmerksam, bis der Lehrer in die Klasse kommt.

Erzählen

Wenn du etwas erzählen willst, kannst du deine Ideen erst einmal ungeordnet sammeln und aufschreiben, z. B. in Form eines Clusters. Aber dann solltest du dir eine sinnvolle Reihenfolge überlegen.
In Erzählungen findest du meist folgenden Aufbau:
- Die **Einleitung** führt in die Geschichte ein (Ausgangssituation, Zeit, Ort, Personen).
- Der **Hauptteil** wird in mehreren Erzählschritten auf einen Höhepunkt hin erzählt.
- Der **Schluss** rundet die Geschichte ab.

Mark Twain

Tom Sawyer

Am Montagmorgen ging es Tom Sawyer, der bei seiner Tante Polly in St. Petersburg wohnte, hundeelend. Er lag im Bett und dachte nach. Auf einmal kam es ihm in den Sinn, wie angenehm es wäre, krank zu sein. Dann brauchte er nicht in die Schule zu gehen. Hier eröffnete sich eine gewisse Möglichkeit.
Er überprüfte seinen leiblichen Zustand. Irgendein Leiden konnte er nicht entdecken. Er forschte abermals. Für eine Weile fand er jedoch nichts. Aber dann erinnerte er sich, dass der Arzt von einer bösen Sache gesprochen hatte, die den Befallenen glatt zwei oder drei Wochen ans Bett fesselte und bei der er leicht einen Finger oder einen Zeh verlieren konnte. Tom zog eifrig seinen rechten Fuß unter dem Laken hervor und hielt ihn hoch, um den wunden Zeh genauer zu untersuchen. Leider kannte er die notwendigen Anzeichen nicht. Doch wie auch immer, der Versuch musste unternommen werden.
Tom begann, aus tiefster Seele zu stöhnen. Sid (Toms Halbbruder) wachte auf und starrte Tom an. Tom fuhr fort zu stöhnen. Sid schüttelte Tom und blickte ihm ängstlich ins Gesicht. Tom stöhnte und röchelte, als ob er im Sterben läge. Als er seinem Halbbruder versprach, ihm alle Sünden zu vergeben, war Sid nicht mehr zu halten. Er flog die Treppe hinab und rief: „Oh, Tante Polly, komm ganz rasch. Tom liegt im Sterben!"
„Im Sterben?", fragte sie ungläubig.
„Wirklich. Frag nicht lang und komm!", drängte Sid.
„Unsinn. Ich glaube davon kein Wort", sagte Tante Polly bestimmt.
Dennoch hastete sie die Treppe hinauf, Sid und Mary hefteten sich an ihre Fersen. Ihr Gesicht war weiß, ihre Lippen zitterten. Als sie das Bett erreichte, stieß sie hervor: „Tom! Tom, was ist los mit dir?"
„Ach, Tantchen, ich habe ...", stöhnte Tom.
„Was hast du, Kind? Was ist denn nur los mit dir?", fragte Tante Polly besorgt.
„Ach, Tantchen, mein schlimmer Zeh ist brandig[1] geworden", jammerte Tom.
Die alte Dame sank in einen Stuhl und lachte ein bisschen. Dann weinte sie und dann tat sie beides gleichzeitig. Das brachte sie ein wenig zu sich selbst und sie sagte: „Tom, Tom, was für einen Schreck hast du mir eingejagt." Schließlich sagte sie: „Jetzt aber Schluss mit dem Unfug und raus aus dem Bett."
Das Stöhnen hörte auf und der Schmerz wich aus dem Zeh. Tom kam sich ein bisschen dümmlich vor. Nach dem Frühstück trottete er dann doch zur Schule.

[1] **brandig:** vom Wundbrand befallen, d. h., nach schweren Verletzungen oder Erfrierungen können Gliedmaßen absterben

1 *Untersuche den Aufbau dieser Erzählung und trage die jeweiligen Zeilennummern ein.*

Einleitung: *Zeile* ______ *bis* ______ ***Hauptteil:*** *Zeile* ______ *bis* ______ ***Schluss:*** *Zeile* ______ *bis* ______

2 *Die Einleitung informiert über Ort, Zeit, Personen und Situation. Markiere im Text diese vier Angaben.*

3 *Der Hauptteil führt Schritt für Schritt zum Höhepunkt.*
Durch anschauliche Verben und treffende Adjektive wird die Spannung gesteigert.

a) Unterstreiche in dem Text die Verben und Adjektive.

b) In den Redebegleitsätzen tauchen dreimal Personalformen des Verbs „sagen“ auf. Suche treffende Verben, die sich stattdessen einsetzen lassen.

erwidern, ______________________________

____

c) Suche für folgende Wendungen ***Synonyme*** *(Wörter mit beinahe gleicher Bedeutung):*

etwas mit Nachdruck sagen: beteuern ______ Komplimente machen: ______

stotternd sagen: ______ zornig sagen: ______

leise sagen: ______ schmerzvoll sagen: ______

erschrocken sagen: ______ offen sagen: ______

d) Setze treffende Adjektive oder Partizipien aus dem Wortvorrat in die Leerstellen der folgenden Wendungen ein. Du musst dabei die Wörter auch flektieren (beugen).

triefend | stechend | spröde | heiß | trocken | schmerzend

Mit ______ Stirn lag ich im Bett. Ich musste ständig meine ______ Nase putzen. Meine Mutter rieb die Creme auf meine ______ Brust. ______ Husten hielt mich in der Nacht wach. Ich fühlte einen ______ Schmerz im Kopf. Durch die Erkältung hatte ich ______ Lippen.

4 *Wo werden im Text auf S. 7 Gedanken und Gefühle beschrieben?*
Markiere die entsprechenden Stellen im Text mit einer neuen Farbe.

5 *Die Beschreibung von Mimik und Gestik der Personen führt dazu, dass sich der Leser das Geschehen gut vorstellen kann.*
Unterstreiche im Text alle entsprechenden Stellen.

TIPP

Im Hauptteil, besonders aber am **Höhepunkt**, solltest du **wörtliche Rede** verwenden, da dadurch die Erzählung lebendig wird.

6 *Schreibe zu folgender Situation ein Gespräch zwischen Tom und Huckleberry Finn in dein Heft.*

In der Nacht darauf wälzte sich Tom unruhig im Bett. Die Geräusche der Nacht waren heute unheimlicher als sonst, selbst die Uhr schien langsamer zu ticken: Tom döste ein. Das Geräusch einer splitternden Flasche ließ ihn hochfahren. Das schwermütige, lang gezogene Miauen eines Katers war zu hören, irgendjemand schimpfte auf ein verdammtes Katzenvieh, dann wurde ein Fenster zugeschlagen. Tom zog sich leise an und kletterte aus dem Fenster. Ein paar Minuten später war er mit Huckleberry Finn in der Dunkelheit auf dem Weg zum Friedhof ...

TIPP

Die Erzählung wird im Präteritum geschrieben. Vorzeitige Ereignisse stehen im Plusquamperfekt. Am Höhepunkt kannst du ins szenische Präsens wechseln, um die Spannung zu erhöhen.

Baron von Münchhausen lebte im 18. Jahrhundert. In vielen Geschichten werden seine Erlebnisse und Abenteuer erzählt. Das Besondere daran sind die tollen Lügen, mit denen der Baron seine Erlebnisse zu fantastischen und unterhaltsamen Begebenheiten gestaltet. Auf dieser Seite findest du zwei Beispiele.

7 *Setze die passenden Formen ein.*

Einen ähnlichen Vorfall ______ (haben) ich einmal mit einer Kette Hühner. Ich ______ (ausgehen), um eine neue Flinte zu probieren und ______ meinen kleinen Vorrat von Hagel ganz und gar ______ (verschießen), als wider alles Vermuten vor meinen Füßen eine Flucht Hühner ______ (aufgehen). Der Wunsch, einige derselben abends auf meinem Tische zu sehen, ______ (bringen) mich auf einen Einfall. Sobald ich ______ (sehen), wo sich die Hühner ______ (niederlassen), ______ (laden) ich hurtig mein Gewehr und ______ (setzen) statt des Schrotes den Ladstock auf, den ich, so gut sichs in der Eile tun ließ, an dem obern Ende etwas ______ (zuspitzen). Nun ______ (gehen) ich auf die Hühner zu, ______ (abdrücken), sowie sie ______ (auffliegen), und ______ (haben) das Vergnügen, zu sehen, dass mein Ladstock mit sieben Stück Hühnern, die sich wohl wundern mochten, so früh am Spieße vereinigt zu werden, in einiger Entfernung allmählich ______ (heruntersinken).

TIPP

Der Satzbau ist bei einer gleichförmigen Abfolge von Subjekt – Prädikat – Objekt zu langweilig.
Durch Satzgefüge wirkt eine Erzählung lebendiger.

8 *Verbessere den Satzbau in folgender Münchhausen-Geschichte, indem du aus den aneinandergereihten Hauptsätzen Satzgefüge bildest. Verwende dabei sinnvolle Konjunktionen.*

Ich war durch diese mühselige Erfahrung klüger. Ich fing es nachher besser an. Ich wollte die Bären loswerden. Die Bären stiegen so gern nach meinen Bienen und den Honigstöcken. Ich bestrich die Deichsel eines Ackerwagens mit Honig. Ich legte mich nicht weit davon des Nachts in einen Hinterhalt. Es geschah, was ich vermutete. Ein ungeheurer Bär wurde durch den Duft des Honigs herbeigelockt. Er kam an und fing vorn an der Spitze der Stange begierig an zu lecken. Er leckte sich die ganze Stange durch Schlund, Magen und Bauch bis hinten wieder hinaus. Ich lief hinzu und steckte vorn durch das Loch der Deichsel einen langen Pflock. Ich verwehrte dem Nascher den Rückzug und ließ ihn sitzen bis an den andern Morgen. Der Großsultan kam vorbeispaziert und wollte sich darüber fast totlachen.

Der kleine Nick in der Schule

Erzählen nach Bildern

Erlebnisgeschichten können auch nach Bildern angefertigt werden. Dazu ist es zunächst notwendig, das Dargestellte zu erfassen und zu beschreiben.

1 a) *Beschreibe den Ort der Handlung möglichst anschaulich.*

b) *Wie sehen Nick und seine Freunde aus? Kreise zutreffende Wörter ein.*

verschmitzt · grinsend · verärgert · nachdenklich · gelangweilt · missmutig · dick
verdutzt · zusammengedrängt · lachend · klein · groß · schmal
dünn · frech · ängstlich · wütend · erfreut · angespannt · aufmerksam

c) *Schreibe auf, in welcher Situation sich Nick und seine Klassenkameraden befinden.*

2 *Um anschaulich und präzise erzählen zu können, ist es wichtig, den richtigen Ausdruck zu wählen:*
a) Finde sinnverwandte Wörter, durch die du das erste ersetzen kannst.

tröpfeln:

Beschädigung:

leck:

b) *In jeder Reihe ist ein Wort falsch. Streiche es durch.*

knuffen · schlagen · rangeln · drücken
gedrängt · voll · eng · gestapelt

3 *Finde eine Vorgeschichte, die zu der dargestellten Situation hinführt.*
Schreibe dann eine zusammenhängende Geschichte aus der Sicht eines Schülers in dein Heft.

Berichten

!

Du kennst Situationen, in denen du z. B. gefragt wirst:
„Wie kam es zu dem Sportunfall?" –
„Was habt ihr auf der Schülervertreter-Versammlung besprochen?" –
„Was habt ihr während des Landschulheim-Aufenthalts unternommen?" –
„Wie ist es zu dem Streit gekommen?"
Um diese Art von Fragen beantworten zu können, muss man knapp, genau und in der richtigen Reihenfolge berichten können.
Wenn du z. B. einen **Unfallbericht** verfasst, dann solltest du Folgendes beachten:

- Ein Unfallbericht gibt Antworten auf folgende **W-Fragen**: Wer? Was? Wo? Wann? Wie? Warum? Mit welchen Folgen?
- Nur **Wichtiges** wird in einen solchen Bericht aufgenommen. Nebensächliches lässt man weg.
- Ein Unfallbericht ist **sachlich**; die Sachverhalte werden ohne persönliche Gefühle dargestellt.
- Unfallberichte enthalten nur **Tatsachen**. Vermutungen gehören nicht in einen Bericht.
- Ein Unfallbericht wird im **Präteritum** geschrieben. Ereignisse, die zeitlich noch vor dem Unfall liegen, stehen im **Plusquamperfekt**.

Wie du auf der Abbildung (S. 11) siehst, wurde eine Schülerin von einem Auto angefahren und leicht verletzt. Beteiligte und Zeugen sagen Folgendes aus:

Frau Schmidt: „Ich bin gerade aus dem Kleidergeschäft herausgekommen und habe bei Grün die Albertus-Magnus-Straße überquert. Ich hörte noch das Quietschen der Bremsen und dann den Schrei des Mädchens. Ich bin sofort hingerannt, um zu helfen. Das Mädchen ist zwar schon wieder aufgestanden, aber es hat am Kopf geblutet und hinkte auf einem Bein. Seine Brille war kaputt und es weinte. Der Autofahrer beschimpfte es, obwohl er eigentlich selbst schuld war, denn er ist viel zu schnell gefahren."

Schülerin Beate Rasch: „Suse und ich hatten uns nach der Schule noch etwas unterhalten und den Schulbus deshalb sehr spät bemerkt. Wir rannten über die Zanderstraße. Suse ist etwas langsamer und war hinter mir, als es passierte. Ich war schon auf der anderen Straßenseite, da hörte ich die quietschenden Bremsen. Ich weiß nicht mehr genau, ob die Fußgängerampel auf Rot stand. Als ich losgerannt bin, zeigte die Ampel noch Grün und ich glaube, Suse ist auch noch bei Grün auf die Straße gerannt."

Busfahrer Herr Busse: „Ich habe auf die Uhr geschaut, denn 13:20 Uhr ist genau meine Abfahrtszeit in der Zanderstraße, jeden Montag. Es ist schon schlimm, wie unvorsichtig manche Schüler über die Straße rennen, ohne den Verkehr zu beachten. Ich wollte eigentlich schon losfahren, als plötzlich die Schülerinnen über die Zanderstraße gerannt kamen. Die Fußgängerampel ist gerade auf Rot umgesprungen und ich hatte mir schon vorgenommen, die Schülerinnen zu verwarnen. Da knallte es aber auch schon. Ich habe über mein Funktelefon sofort die Polizei benachrichtigt."

Autofahrer Herr Eilig (44 Jahre alt): „Den neuen BMW – ja, den dort mit der Nummer B–MW 007 – hatte ich erst vor drei Wochen gekauft. Und jetzt ist diese Delle an meinem Auto. Ich bin bei Grün angefahren, als plötzlich die Mädchen wie verrückt auf die Straße gerannt sind. Wenn ich nicht rechtzeitig gebremst hätte, dann wäre noch viel Schlimmeres passiert."

Schüler Klaus Kluge (14 Jahre alt): „Ich kenne die Suse Tran. Sie ist 12 und wohnt in der gleichen Straße wie ich, Bonner Straße, Nummer 10. Sie ist immer ein bisschen verträumt. Ich bin an der Ampel stehen geblieben. Es war ja schon Rot. Außerdem ist mein Schulbus noch nicht gekommen. Aber Suse ist mit ihrer Freundin trotzdem losgerannt."

1 *Stell dir vor, du bist Polizistin oder Polizist und sollst aus den Zeugenaussagen einen Unfallbericht erstellen. Unterstreiche zunächst alle wichtigen Angaben, die auf die W-Fragen antworten.*

2 *Schreibe die Angaben, die du auf S. 12 unterstrichen hast, nun in Stichworten heraus.*

Was geschah? (Vorfall) ______

Wer war beteiligt? (Betroffene, Verursacher, Zeugen) ______

______

______

Wo geschah der Unfall? (Unfallort) ______

Wann geschah es? ______

Wie geschah es? (Unfallhergang) ______

______

______

Warum geschah es? (Unfallursache) ______

______

Welche Folgen hatte der Unfall? ______

______

3 *Bei Berichten wird das* ***Präteritum*** *verwendet. Setze die passenden Präteritumformen ein.*

verlieren | bremsen | bringen | verletzen | stürzen | zerbrechen | stoßen | missachten

Der Fahrer ______ scharf und ______ das Auto zum Stehen. Die Schülerin ______ das Rotlicht der Fußgängerampel. Das Auto ______ mit der Kühlerhaube an das Knie der Schülerin, die Schülerin ______ zu Boden und ______ sich am Kopf. Sie ______ ihre Brille. Die Brillengläser ______ .

4 *Wenn du von einem Ereignis berichtest, das noch weiter in der Vergangenheit liegt als der Unfall, verwendest du das* ***Plusquamperfekt****. Setze die passenden Verben im Plusquamperfekt ein.*

~~umspringen~~ | rennen | zerbrechen

Nachdem die Ampel auf Grün umgesprungen war, fuhr der Autofahrer an. Frau Schmidt hob die Brille, deren Gläser ______, vom Boden auf. Der Busfahrer ermahnte die Schülerin, die über die Straße ______ .

5 *Schreibe mit Hilfe der Angaben aus Aufgabe 2 einen zusammenhängenden Unfallbericht in dein Heft.*

TIPP

Oft sind Sätze verständlicher, wenn du sie miteinander verbindest.
Damit der Bericht trotz eines knappen und sachlichen Stils nicht langweilig wirkt, solltest du dich bei den satzverbindenden Konjunktionen um Abwechslung bemühen.

6 *Bringe folgende Sätze in die richtige zeitliche Reihenfolge, indem du zwei Sätze miteinander verbindest.*

Die Straße war glatt. Der Fahrer bremste. Der Wagen rutschte weiter. Er prallte gegen den Lichtmast.

____

____

Die Ampel sprang auf Rot um. Die Schülerin rannte über die Straße. Der Fahrer bremste.
Das Auto verletzte die Schülerin am Knie.

____

____

7 *Stelle nun einen Zusammenhang zwischen Ursache und Folge her.*

Die Straße war glatt. Der Wagen rutschte weiter.

Die Straße war glatt, ____________ rutschte der Wagen weiter.

Der Wagen rutschte weiter, ____________ die Straße war glatt.

____________ die Straße glatt war, rutschte der Wagen weiter.

____________ der Straßenglätte rutschte der Wagen weiter.

8 *Kreuze an, welche Ausdrucksmöglichkeit präziser ist.*

a) ☐ Er wollte den Aufprall vermeiden.
☐ Er wollte vermeiden, dass er aufprallte.
☐ Er wollte vermeiden, dass er auf den Wagen aufprallte.

b) ☐ Der Wagen, der ins Schleudern geriet, ...
☐ Der ins Schleudern geratene Wagen ...

c) ☐ Der Wagen, der rot war, ...
☐ Der rote Wagen ...

d) ☐ Der Aufprall beschädigte das Fahrrad.
☐ Durch den Aufprall wurde das Fahrrad beschädigt.

TIPP

Für die **Redewiedergabe** hast du zwei Möglichkeiten:
„Er behauptete, er habe den Radfahrer nicht bemerkt." **(indirekte Rede)**
„Er behauptete, den Radfahrer nicht bemerkt zu haben." **(Infinitivsatz)**

9 *Überarbeite nun deinen Unfallbericht noch einmal. Entscheide, welche Ausdrucksmöglichkeiten du verwendest.*

! Es gibt viele Möglichkeiten, besondere Vorkommnisse wiederzugeben. Die Gestaltung richtet sich nach dem **Adressaten** und dem **Zweck** des Berichts. Ein informativer Zeitungsartikel soll den Hergang eines Ereignisses wiedergeben, deshalb muss er knapp, exakt, richtig, vollständig sein. Ein Bericht über den Aufenthalt im Schullandheim für die Schülerzeitung dagegen soll anschauliche Informationen geben und unterhaltsam sein.

Adelbert von Chamisso

Der Bettler und sein Hund

Drei Taler erlegen[1] für meinen Hund!
So schlage das Wetter mich gleich in den Grund!
Was denken die Herren von der Polizei?
Was soll nun wieder die Schinderei?

Ich bin ein alter, ein kranker Mann,
Der keinen Groschen verdienen kann;
Ich habe nicht Geld, ich habe nicht Brot,
Ich lebe ja nur von Hunger und Not.

Und wann ich erkrankt und wann ich verarmt,
Wer hat sich da noch meiner erbarmt?
Wer hat, wann ich auf Gottes Welt
Allein mich fand, zu mir sich gesellt?

Wer hat mich geliebt, wann ich mich gehärmt?
Wer, wann ich fror, hat mich gewärmt?
Wer hat mit mir, wann ich hungrig gemurrt,
Getrost gehungert und nicht geknurrt?

Es geht zur Neige mit uns zwein,
Es muss, mein Tier, geschieden sein;
Du bist, wie ich, nun alt und krank;
Ich soll dich ersäufen, das ist der Dank!

Das ist der Dank, das ist der Lohn!
Dir geht's wie manchem Erdensohn.
Zum Teufel! ich war bei mancher Schlacht;
Den Henker hab ich noch nicht gemacht.

Das ist der Strick, das ist der Stein,
Das ist das Wasser – es muss ja sein.
Komm her, du Köter, und sieh mich nicht an,
Noch nur ein Fußstoß, so ist es getan!

Wie er in die Schlinge den Hals ihm gesteckt,
Hat wedelnd der Hund die Hand ihm geleckt;
Da zog er die Schlinge sogleich zurück.
Und warf sie schnell um sein eigen Genick.

Und tat einen Fluch, gar schauderhaft,
Und raffte zusammen die letzte Kraft
Und stürzt' in die Flut sich, die tönend stieg,
Im Kreise sich zog und über ihm schwieg.

Wohl sprang der Hund zur Rettung hinzu,
Wohl heult' er die Schiffer aus ihrer Ruh,
Wohl zog er sie winselnd und zerrend her;
Wie sie ihn fanden, da war er nicht mehr.

Er ward verscharret in stiller Stund,
Es folgt' ihm winselnd nur der Hund;
Der hat, wo den Leib die Erde deckt,
Sich hingestreckt und ist da verreckt.

[1] erlegen: (hier) bezahlen

10 *Forme die Ballade in einen **Zeitungsartikel** um. Erstelle dabei zuerst einen Schreibplan, in dem du die W-Fragen stichpunktartig beantwortest. Einige Angaben musst du ergänzen. Schreibe dann den fertigen Bericht in dein Heft.*

Was geschah? (Vorfall) ____________________

Wer war beteiligt? ____________________

Wo geschah es? (den Ort musst du ergänzen) ____________________

Wann geschah es? ____________________

Wie geschah es? (Hergang) ____________________

Warum geschah es? (Ursache, Hintergründe) ____________________

Welche Folgen hatte der Vorfall? ____________________

Beschreiben

Alle Arten von Beschreibungen sind sachlich informierende Texte. Beschreibungen stehen im Präsens. Die Sprache ist sachlich und präzise. Fachbegriffe, treffende Verben und Adjektive dienen der Genauigkeit.

Zur **Vorgangsbeschreibung** zählen
- Wegbeschreibungen,
- Arbeitsanleitungen (z. B. Kochrezepte),
- Bedienungsanleitungen (z. B. für elektrische Geräte),
- Spielregeln.

Peter und Paul planen eine Route für den nächsten Wandertag. Gemeinsam gehen sie die Strecke in der Woche davor einmal ab, um ihren Klassenkameraden dann eine genaue Beschreibung des Weges geben zu können.

1 *Erarbeite eine genaue **Wegbeschreibung** mit Hilfe der Notizen, die sich Peter und Paul gemacht haben. Für detailliertere Angaben musst du die Skizze des Wanderführers genau auswerten. Achte dabei auch auf geografische Angaben und Sehenswürdigkeiten.*

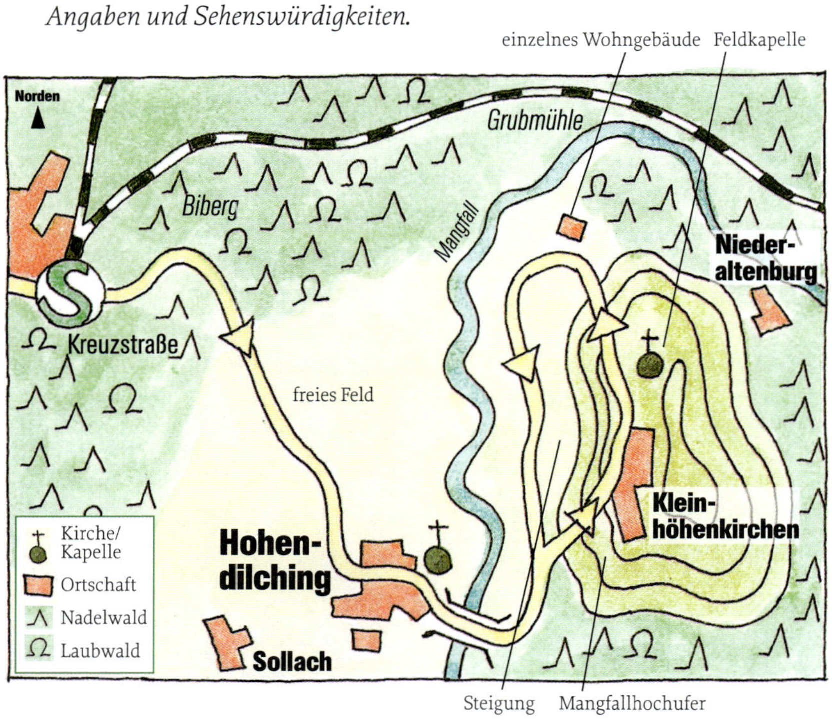

Abfahrt in München: mit der S7 in Richtung Kreuzstraße, fahren bis Endstation Kreuzstraße. Die Züge fahren alle 20 bzw. 40 Minuten. Einfache Fahrt ca. 43 Minuten.

Route:
- vom Bahnhof Kreuzstraße über Hohendilching hinab ins Mangfalltal
- jenseits der Brücke Rundweg über Kleinhöhenkirchen
- an der Brücke über Hohendilching nach Kreuzstraße zurück
- 9,5 km
- einige steilere Wegabschnitte

Gegenstandsbeschreibung
Bei der Beschreibung eines Gegenstandes soll zunächst der **Gegenstand als Ganzes** (Einleitung) erfasst werden. Dann erfolgt eine **Information über Details**, welche räumlich angeordnet sein soll (Hauptteil).
Du kannst dabei von oben nach unten, von links nach rechts oder umgekehrt vorgehen. Im Schlussteil wird der Gegenstand in seiner **Funktion** beschrieben.
Abwechslungsreiche Satzanfänge stellen eine logische Verbindung zwischen den einzelnen Elementen her.
Das Tempus ist das **Präsens**. Um eine größere Verständlichkeit zu erzielen, gibt es häufig Skizzen.

Was ist ein zusammengesetztes Mikroskop?

Wenn die meisten Leute das Wort „Mikroskop" hören, denken sie gewöhnlich an die Art, die man in Laboratorien sieht. Von außen gesehen besteht dieses Mikroskop aus einem schweren Metallfuß, einer Platte, auf die man das, was man untersuchen wird, legt, einem Mündungsstück, das auf die Platte zeigt, und einer langen Röhre. In einem zusammengesetzten Mikroskop befinden sich mehrere Linsen. Diese Linsen sind in zwei Systemen angeordnet, dem Okular und dem Objektiv. Das Okular bewirkt genau das, was ein einfaches Mikroskop bewirkt: Es zeigt ein aufrechtes vergrößertes Bild. Das Objektiv erzeugt ein umgekehrt vergrößertes Bild des Objektes, das man beim Hindurchschauen durch das Okular nochmals vergrößert sieht.

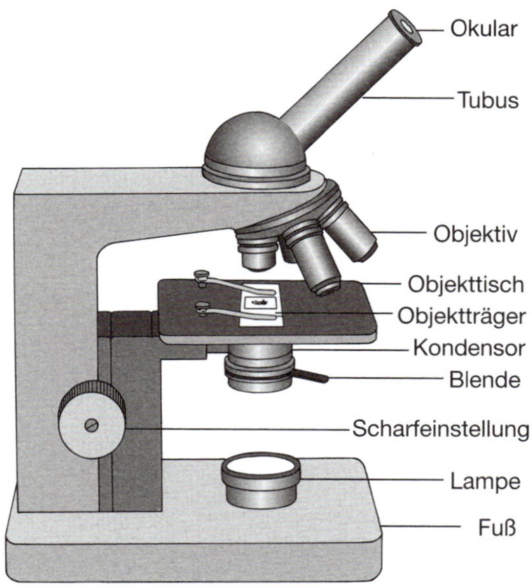

Wir wollen nun das zusammengesetzte Laboratoriumsmikroskop in seinen einzelnen Teilen kennen lernen. Betrachten wir zunächst den Teil, durch den Licht hindurchgeht. Genau über der Platte, die man Objekttisch nennt, befindet sich eine enge Röhre, die die Linsen enthält. Diese Röhre mit den Linsen ist das Objektiv. Das Mikroskop hat manchmal nur ein Objektiv, das in eine Röhre, den Tubus, eingespannt ist. Die meisten Forschungsmikroskope haben zwei oder drei Objektive; sie sitzen an einem drehbaren Teller, den man Revolver nennt. Bei dieser Anordnung muss man den Revolver in die richtige Lage drehen, um das geeignete Objektiv benutzen zu können.

Diese Teile des Mikroskops, die du eben kennen gelernt hast, sind die wichtigsten, aber es wäre schwierig, sie ohne die anderen Teile eines modernen Mikroskops zu benutzen. Da ist einmal ein breiter, schwerer Metallsockel. Dieser „Fuß" und der Träger oberhalb des Sockels geben dem Mikroskop den nötigen Halt. Am oberen Teil des Trägers befindet sich ein Gelenk zum Neigen des Mikroskops, sodass man den oberen Teil des Mikroskops nach vorn und hinten kippen kann. Der große gebogene Teil, der gekippt wird, ist der Arm. Das obere Ende des Arms hält den Tubus, während am unteren Ende der Objekttisch befestigt ist. Zwei schmale Streifen aus federndem Stahl sollen die Gegenstände auf dem Objekttisch festhalten, besonders wenn der Objekttisch geneigt ist.

Wo der Tubus und der Arm zusammentreffen, sitzt ein sehr wichtiger Mechanismus: die Einstellung. Es gibt eine Grob- und eine Feineinstellung. Am unteren Ende des Arms ist ein Spiegel angebracht, der den Lichtstrahl von unten her durch das Loch im Objekttisch und durch das Objekt auf den unteren Teil des Objektivs wirft und von dort durch den Tubus auf das Okular.

2 *a) Prüfe diese Beschreibung eines Mikroskops, indem du zunächst wesentliche Informationen über den Gegenstand als Ganzen in der Einleitung (Z. 1–6) unterstreichst.*
b) In welcher Reihenfolge wird der Gegenstand beschrieben?

____

____

____

____

TIPP

Im Hauptteil ist ein auffälliges Gestaltungsmittel die Verwendung von Fachbegriffen.

3 *Kreise in den nächsten beiden Abschnitten (Z. 7–33) alle Fachbegriffe ein.*

TIPP

Adjektive und Verben dienen der Genauigkeit.

4 *Unterstreiche in den Zeilen 34–61 Verben grün, Adjektive blau.*

TIPP

Attribute vermitteln genaue Informationen.

5 *Schreibe alle Attribute aus dem Text heraus.*

Adjektivattribut: ______________________________

____

Partizip I: ______________________________

Partizip II: ______________________________

Genitivattribut: ______________________________

Präpositionalattribut: ______________________________

Apposition: ______________________________

Relativsatz: ______________________________

____

____

____

!

Personenbeschreibung
Bei Personenbeschreibungen achtet man auf alles, was man sieht und wahrnimmt, z. B. auf das Aussehen (Augen-/Haarfarbe), die Größe, das Alter, die Kleidung, den Gesichtsausdruck (ernst, freundlich), besondere Merkmale (Narbe, Brille).

5 *In dem Text fehlen einige wichtige Beschreibungsmerkmale. Setze die passenden Angaben ein.*

Adjektivattribute: stattliche, sechs, kraftvolleren, bekannte, unbesonnenen, ja oft rücksichtslosen, raue
präpositionales Attribut: von der Grenze
Genitivattribut: verstreuter Siedlungen
Apposition: den eiligen Harry
Relativsatz: die ihn ständig in Bewegung hielt
Prädikative (Gleichsetzungsnominative): offen, freundlich und angenehm, ungewöhnlich wohl gebaut

J. F. Cooper
Der Wildtöter

Der folgende Text findet sich zu Beginn des Romans „Der Wildtöter" (1841) von James Fenimore Cooper (1789–1851). Der Roman gehört zu einer Reihe von „Lederstrumpf"-Romanen wie „Der Pfadfinder" und „Der letzte Mohikaner", von denen du vielleicht schon gehört hast.

Schwerlich könnte man einen ____________ Mann finden als den, der sich Hurry Harry nannte. Sein eigentlicher Name war Henry March – aber die Männer ____________ hatten die Angewohnheit von den Indianern übernommen, sich untereinander Beinamen zu geben; der Name Hurry war für Henry March gebräuchlicher geworden als sein eigentlicher Rufname. Nicht selten nannte man ihn auch Hurry Skurry, ____________, ein Name, den er seiner ziemlich ____________ ____________ Art verdankte und einer Ruhelosigkeit, ____________ ____________. Sie hatte ihm entlang der gesamten Linie ____________, die zwischen der Provinz [des Staates New York am Hudson River] und Kanada lagen, den Ruhm eingebracht, eine ____________ Erscheinung zu sein. Er maß etwas mehr als ____________ Fuß – eine ____________ Größe. Er war ____________ und verfügte über Bärenkräfte. Sein Gesicht war ____________, sein Benehmen ____________. Und wenn diese Züge verständlicherweise auch durch das ____________ Leben des Mannes von der Grenze geprägt waren, so wirkten sie doch nicht abstoßend.

Wildtöter, wie Hurry seinen Gefährten nannte, war sowohl im Aussehen als auch im Charakter ganz anders. Er maß sechs Fuß, aber er war vergleichsweise schlank und doch muskulös, was ungewöhnliche Behändigkeit, vielleicht sogar außergewöhnliche Kraft versprach. Sein noch jungenhaftes Gesicht zeigte einen Ausdruck von Arglosigkeit, Ernsthaftigkeit und Aufrichtigkeit. Beide Männer waren jung. Hurry zählte 26 oder 28 Jahre, Wildtöter war einige

Jahre jünger. Ihre Kleidung bestand vorwiegend aus Fellen, ein Zeichen dafür, dass sie ihr Leben an den Grenzen der Zivilisation in den riesigen Wäldern verbrachten. Dennoch wurde auch dem schmückenden Beiwerk Aufmerksamkeit geschenkt: Wildtöters Gewehr war in tadellosem Zustand, der Griff seines Jagdmessers fein geschnitzt und seine Pulverbüchse mit feinen Mustern verziert, während seine Jagdtasche mit Wampum – mit auf Schnüren gereihten Muschelschalen der Indianer – geschmückt war. Hurry Harry dagegen, ob aus Sorglosigkeit oder aus dem Wissen, dass seine Erscheinung keine schmückenden Hilfsmittel benötigte, trug alles in einer nachlässigen Art, als empfinde er Widerwillen gegen die eitlen Zutaten an Kleidung und Geräten.

6 *Beschreibe anhand der folgenden Fragen stichwortartig die beiden Hauptpersonen des Romans.*

Wie heißt er?	Henry March / Hurry Harry	Wildtöter
In welchem Gebiet lebt er?		
Wie alt ist er?		
Wie sind sein Aussehen und seine körperliche Verfassung?		
Wie wirkt sein Gesicht?		
Wie ist er gekleidet?		
Wie verbringt er sein Leben?		
Worin besteht seine besondere Eigenart (Charakter)?		

7 *Ein Zeichner hat Hurry Harry (sitzend) und Wildtöter (stehend) so dargestellt, wie du es hier sehen kannst. Notiere in Stichworten, was dir an Einzelheiten der äußeren Erscheinung auffällt. Nutze vor allem Adjektive, z. B. zu*
Kopf: *Gesicht und Kopfform, Haare, Augen, Ohren, Nase, Mund,*
Körperbau: *Körper, Arme, Hände, Beine,*
Kleidung: *Kopfbedeckung, Hemd, Jacke, Hose, Schuhe, Ausrüstung.*

Hurry Harry	Wildtöter

8 *Verfasse nun in deinem Heft eine zusammenhängende Beschreibung von Hurry Harry oder Wildtöter. Achte dabei auf die richtige* ***Reihenfolge****, die* ***Genauigkeit*** *der Darstellung und den Gebrauch des* ***Präsens****.*

9 *Wie wäre es, wenn du dich selbst beschreiben würdest? Um deine* ***äußere Erscheinung*** *(Körperbau, Kopf, Arme, Beine, Kleidung ...) beschreiben zu können, stellst du dich am besten vor den Spiegel. Um auf deine* ***besonderen persönlichen Eigenschaften*** *eingehen zu können, überlegst du dir deine Vorlieben, Wünsche, Gewohnheiten, aber auch deine Schwächen.*

Wortarten

!

Du kennst schon eine Reihe von Wortarten:

- **Nomen:** „der *Wolf*“
- bestimmte und unbestimmte **Artikel**: „*der* Winter“, „*ein* Hügel“
- **Pronomen:** „*Sie* entdeckte *ihre* Brille, die *sie* schon *einige* Male vergessen hatte, auf *diesem* Tisch.“
- **Präpositionen:** „Der Eisbär saß *auf* dem Felsen.“
- **Adjektive,** die gesteigert werden können: „*schwer, schwerer, am schwersten*“
- **Verben,** die in verschiedene Tempora gesetzt werden und mehrteilig sein können: „Der Pinguin *plusterte sich auf.*“
- **Adverbien,** die nicht veränderbar sind, d. h. **nicht flektiert** (gebeugt) werden können: Beispiel: „Der Seehund sitzt *dort* auf dem Felsen.“

Amaroq, der Wolf

Miyax schob die Kapuze ihres Anoraks zurück, um nach der Sonne zu sehen. Die war jetzt eine gelbe Scheibe auf einem grünen Himmel und Miyax schloss aus den Farben des Himmels und der Sonne, dass es gegen sechs Uhr abends sein musste; das war die Stunde, da die Wölfe erwachten. Geräuschlos stellte sie ihren Kochtopf nieder und kroch auf die Höhe eines rund gewölbten kleinen Hügels, einen der vielen Erdbuckel, die in der krachenden Kälte des arktischen Winters aufbrechen und wieder einsinken. Auf dem Bauch liegend blickte das Mädchen über das unabsehbare, moosgefleckte Grasland und wandte dann ihre ganze Aufmerksamkeit auf einen Punkt: die Wölfe. Zwei Schlafzeiten war es her, dass Miyax zufällig auf sie gestoßen war. Sobald die Wölfe erwachten, begrüßten sie einander mit Schwanzwedeln. Miyax zitterten die Hände und ihr Herz begann, rascher zu schlagen. Sie hatte Angst. Nicht so sehr vor den Wölfen – die zeigten sich zurückhaltend und waren viele Harpunenschüsse weit entfernt –, aber die verzweifelte Lage, in die sie geraten war, machte ihr Angst. Miyax hatte sich verirrt. Seit Tagen wanderte sie ohne Nahrung durch die Wildnis des nördlichen Alaska. Ihr Überleben, das Weiterglimmen des letzten Funkens Lebenswärme in ihrem Körper, hing von diesen Wölfen ab. Und sie war nicht einmal sicher, ob sie ihr helfen würden. Miyax starrte angestrengt auf einen stattlichen schwarzen Wolf, weil sie hoffte, damit seinen Blick auf sich zu ziehen. Sie musste ihm irgendwie mitteilen, dass sie am Verhungern war, und ihn um Nahrung bitten. Man konnte mit Wölfen reden, wusste sie, ihr Vater hatte es getan. Auf der Jagd hatte er einmal neben einem Wolfslager kampiert. Als er einen ganzen Monat lang kein Wild angetroffen hatte, versuchte der Eskimojäger dem Anführer des Wolfsrudels verständlich zu machen, dass er hungrig war und Futter brauchte. In der Nacht darauf rief der Wolf den Eskimo von ferne, und als der Jäger dem Ruf folgte, fand er ein frisch gerissenes Karibu.

1 *Bestimme die Wortarten des folgenden Satzes aus Zeile 6–10. Verwende für jede Wortart eine eigene Farbe.*

Geräuschlos stellte sie ihren Kochtopf nieder und

Adjektiv

kroch auf die Höhe eines rund gewölbten

kleinen Hügels, einen der vielen Erdbuckel, die

in der krachenden Kälte des arktischen Winters

aufbrechen und wieder einsinken.

2 *Bilde zu den vier Nomenbeispielen alle Kasusformen (deklinieren) wie vorgegeben mit Pronomen, Artikel oder Adjektiv.*

Kasus	Singular	Plural	Singular	Plural
Nominativ (Wer?)	ihr Kochtopf,			die Höhen
Genitiv (Wessen?)				
Dativ (Wem?)				
Akkusativ (Wen?)				

Kasus	Singular	Plural	Singular	Plural
Nominativ (Wer?)				
Genitiv (Wessen?)				kleiner Hügel
Dativ (Wem?)		den kalten Wintern	einem kleinen Hügel,	
Akkusativ (Wen?)				

3 *Suche aus dem Text auf Seite 22 alle Pronomen aus den Zeilen 15–20 heraus und bestimme sie genau.*

____

____

4 *Adverb, Präposition oder Adjektiv? Bestimme jeweils die Wortart der unterstrichenen Wörter.*

Abends (______) lag Miyax **auf** (______) einem **kleinen** (______) Hügel und blickte **nach** (______) **unten** (______) **zu** (______) den Wölfen, **auf** (______) deren Verhalten sie **genau** (______) achtete. Auch wenn sie sich **über** (______) ihre Anwesenheit freute, kamen ihr **fast** (______) die Tränen. **Bald** (______) würde sie verhungern, wenn die Wölfe ihre **spärliche** (______) Beute nicht **mit** (______) Miyax teilten, denn sie hatte seit Tagen nichts gegessen. **Eilends** (______) müsste sie Verbindung **mit** (______) den Wölfen aufnehmen, dachte Miyax, während sie weiter **hinüber** (______) **zum** (______) Wolfslager starrte.

!

Die Konjunktion
Konjunktionen sind Wörter, die Sätze und Teile von Sätzen miteinander verknüpfen, z. B. „aber", „und", „weil".
Du musst zwischen nebenordnenden und unterordnenden Konjunktionen unterscheiden.

Nebenordnende Konjunktionen verbinden Wörter, Wortgruppen und Sätze, die grammatisch gleichrangig sind.
Beispiel: „Kinder- *und* Jugendbücher sind speziell für Kinder *oder* Jugendliche geschrieben, *aber* sie sind oft auch für Erwachsene lesenswert."

Unterordnende Konjunktionen leiten Nebensätze ein und binden diese an einen übergeordneten Hauptsatz.
Beispiele: „Du musst nur in eine Buchhandlung oder Bibliothek gehen, *wenn* du neuen Lesestoff suchst."
„Über Bücher kannst du dich schnell informieren, *weil* oft auf der Rückseite eine Inhaltsangabe abgedruckt ist."

Lesenswerte Jugendbücher (Inhaltsangaben)

5 *Unterstreiche die nebenordnenden Konjunktionen rot, die unterordnenden grün.*

Steinar Sörlle
Die Nacht, als keiner schlief

Die Geschwister Tine und Knut gehen mit ihrem Freund Leif fischen, obwohl die Eisschicht im Fjord sehr brüchig ist. Sie wagen sich weit hinaus, weil Leif Tine beeindrucken will. Das Eis bricht und die drei treiben auf einer Eisscholle im Schneesturm, bis sie auf einer Insel stranden. Seitdem sie um ihr Leben kämpfen mussten, haben sie viel voneinander gelernt. Werden sie wieder nach Hause gelangen?

6 *Fülle die Lücken mit passenden Konjunktionen.*

Lars Saabye Christensen
Herman

anstatt wenn obwohl sodass

Herman ist mit seinem Leben ganz zufrieden, ______________ er Respekt vor den Rowdys seiner Klasse hat und häufig zu spät in den Unterricht kommt. ______________ er der rothaarigen Ruby begegnet, wird er immer nervös. Eines Tages fallen Hermans Haare aus, ______________ er innerhalb kürzester Zeit eine Glatze hat. ______________ eine Perücke aufzusetzen, trägt er lieber eine Wollmütze. Wie reagieren die Familienmitglieder, wie die Mitschüler?

7 *Unterscheide Adverbien, Präpositionen und Konjunktionen. Formuliere je einen Beispielsatz in deinem Heft.*

dort nachmittags gestern vorher da nachher bald außerdem immer gerne hingegen sehr überhaupt

während auf zu bis in bei nach an

und oder aber weil wie bis

Der Gebrauch der Tempora

!

Das **Präsens** bezeichnet sowohl Gegenwärtiges (z. B.: *Es regnet.)* als auch Zukünftiges (z. B.: Morgen *fahre ich los.*). Im Präsens stehen auch Aussagen, die immer gelten oder gültig sein sollen, z. B.: „Die Erde *dreht sich* um die Sonne."
Das **Futur** drückt etwas Zukünftiges aus, z. B.: *„Ich werde* die Wette *gewinnen."*
Das **Perfekt** stellt den Abschluss eines Geschehens (einer Handlung) fest, z. B.: „Gestern *habe ich* auf dem Schiff *angeheuert."*
Das **Präteritum** bezieht sich auf ein Geschehen der Vergangenheit und wird vor allem bei schriftlichen Berichten und beim Erzählen verwendet, z. B.: *„Ich ging* die Treppe hinunter."
Das **Plusquamperfekt** verwendet man, um Vorzeitigkeit (Vorgeschichte) auszudrücken, z. B.: „Als er seinem Freund das Erlebnis berichten wollte, *war* dieser schon *gegangen."*

1 *Unterstreiche im folgenden Text die verschiedenen Tempora mit unterschiedlichen Farben.*

Herman Melville
Moby Dick

Mein Name ist Ismael. Angefangen habe ich als Matrose auf einem Handelsschiff, aber schon bald war mir klar: Ich musste Walfänger werden. Walfische faszinierten mich zutiefst, das unaussprechliche Grauen, das die plötzlich auftauchenden ungeheuren Körpermassen umgibt. Ich wählte ein Walfangschiff von Nantucket. (...) Aber ich hatte an jenem Dezember-Samstag das Postschiff verpasst (...). Erst am Montag wird ein neues das Städtchen New Belford verlassen. Das Gasthaus „Zum blasenden Wal" des Peter Coffin wurde mein Quartier, ein windschiefes altes Haus (...). Die Betten waren alle belegt, und so werde ich mein Lager mit einem Harpunier teilen. Als er mit seinen schweren Tritten die Schlafkammer betrat, riss er mich aus meinen Träumen. Sein Schädel war bis auf eine gedrehte Locke kahl, das Gesicht von gelblich-violetter Farbe und ebenso wie sein hochgewachsener Körper über und über mit Quadraten und Rechtecken tätowiert; ich sah das, als er sich auskleidete. (...) So beobachtete ich ihn schweigend, bis er sich mit einer indianischen Tomahawk-Pfeife im Mund neben mir auf die Matratze warf. Mein Aufschrei verriet ihm meine Anwesenheit. „Wer bist du? Antworte sofort oder ich werde dich umbringen." Ich schrie um Hilfe. Grinsend erschien Peter Coffin mit einem Licht in der Tür. „Nur keine Angst, junger Mann, Queequeg wird euch kein Härchen krümmen." Dem Wilden machte er klar, angesichts meiner Furcht das Rauchen im Bett zu lassen, und wünschte uns eine gute Nacht.

2 *Unterstreiche die Präteritumformen rot und die Plusquamperfektformen blau.*

Wir waren schon einige Tage südwärts gesegelt, als ich Ahab sah. Der Kapitän war an Deck gekommen, um mit der Mannschaft zu reden. Sein Anblick erschreckte, da er eine Gesichtsnarbe und ein künstliches Bein aus Walknochen hatte. Seit er im Kampf mit dem legendären weißen Wal Moby Dick sein Bein verloren hatte, war er von dem Gedanken besessen, sich zu rächen. „Ich würde auch nach der Sonne schlagen, wenn sie mich beleidigt", erklärte er der Mannschaft, nachdem er sie zur Jagd auf den weißen Wal verpflichtet hatte. Die Matrosen sahen verwundert, dass Ahab eine Golddublone an den Hauptmast genagelt hatte als Preis für den, der den weißen Wal sichtete. Das Schiff lief zwischenzeitlich unterschiedliche Häfen an, weil die Mannschaft Walöl erbeutet hatte. (...) Die Jagd auf den weißen Wal dauerte drei Tage. Obwohl der Wal ein Fangboot nach dem anderen zerstört hatte, obwohl der Schiffsmaat Ahab beschworen hatte, abzulassen, verfolgte Ahab den Wal weiter, bis er von einem Harpunenseil in die Tiefe gerissen wurde.

Aktiv und Passiv

!

Die beiden Handlungsarten eines Verbs (lateinisch: **genera verbi**) nennt man **Aktiv** und **Passiv**.
Mit der Verwendung von Aktiv oder Passiv verfolgen wir unterschiedliche Interessen.
Bei der Verwendung von **Aktiv** richten wir unser Interesse auf die **handelnde Person**. Verwenden wir das **Passiv**, konzentrieren wir uns auf den **Vorgang**. Beispiel:

Aktiv	**Passiv**
„Alle Mitspieler *setzen* Taucherbrillen *auf*."	„Taucherbrillen *werden aufgesetzt.*"

In **Passivsätzen** kann der Handelnde auch genannt werden, und zwar in Form einer **Präpositionalgruppe**. Beispiele:

Aktiv	**Passiv**
„Die Schüler *schmücken* den Klassenraum."	„Der Klassenraum *wird* **von den Schülern** *geschmückt.*"
„Der Hausmeister *hängt* den Lampion *auf*."	„Der Lampion *wird* **vom Hausmeister** *aufgehängt.*"

1 *Lies dir den folgenden Text aufmerksam durch. Es handelt sich um ein Partyspiel, das sich Carolin für die Fete ausgedacht hat. Bearbeite den Text danach in folgender Weise:*
a) Unterstreiche alle Prädikate im Passiv rot.
b) Unterstreiche alle Handlungsträger, die in Form einer Präpositionalgruppe genannt sind, grün.

Austernsuche (Partyspiel)

Zunächst wird von der Spielleiterin eine große und tiefe Schüssel zur Hälfte mit Wasser gefüllt. Einige Pflaumen werden hineingelegt und dann kann der erste Austernfischer zur Schüssel geführt werden. Die Hände werden auf dem Rücken verschränkt und mit dem Gesicht im Wasser wird nun der „Meeresgrund" vom Austerntaucher nach „Austern" abgesucht. Die Austern werden mit dem Mund aus dem Wasser gefischt. Es müssen so viele Austern wie möglich an Land gebracht werden. Denn danach wird der Sieger bestimmt. – Natürlich wird für jeden Mitspieler frisches Wasser in die Schüssel gefüllt. Insgesamt wird jedem Taucher genau eine Tauchminute für den Tauchgang von der Jury zur Verfügung gestellt.

!

Du siehst anhand der Beispiele, dass das **Passiv** eine **zusammengesetzte Verbform** ist.
Es wird zusammen mit einer Form von „werden" und dem **Partizip Perfekt** (z. B. „geschmückt", „aufgehängt", aber auch z. B. „informiert", „bemalt") gebildet.

2 *Bilde zu den nachfolgenden Infinitiven (Grundform des Verbs) das Partizip Perfekt.*

Infinitiv	**Partizip Perfekt**	**Infinitiv**	**Partizip Perfekt**
schieben:	geschoben	trinken:	
singen:		malen:	
bemalen:		vergessen:	
befehlen:		dekorieren:	
tapezieren:		beißen:	

!

Bei der **Umwandlung** eines Aktivsatzes in einen Passivsatz wird das **Akkusativobjekt** des Aktivsatzes zum **Subjekt** des Passivsatzes. Beispiel:

Aktiv	**Passiv**
„Ein Hochseefischer *angelt* **Fische**."	„**Die Fische** *werden geangelt.*"
Akkusativobjekt	**Subjekt**

TIPP

Akkusativobjekte erfragt man mit **„Wen ...?"** oder **„Was ...?"**

3 *Im nachfolgenden Text erscheinen die Sätze in Form des Aktivs. Unterstreiche alle Akkusativobjekte rot.*

Hochseefischen (Partyspiel)

Aus 2–3 cm dickem Styropor schneidest du vor der Party verschieden große Fische aus. Die Fische malst du dann in verschiedenen Farben an. Außerdem kennzeichnest du jeden Fisch je nach Größe mit einer Punktzahl zwischen 1 und 10. Jedem Fisch heftest du zusätzlich eine Büroklammer ans Maul. Anschließend legst du alle Fische auf ein großes Stück durchsichtige Abdeckfolie. Dann baust du eine Angel. Dazu benötigst du einen langen Stock. An einem Ende des Stocks befestigst du eine Schnur. Und an das Ende der Schnur hängst du einen kleinen Magneten in Hufeisenform. Auf der Party erklärst du dann die Spielregeln: Vier Kinder nehmen je eine Ecke der Folie in die Hand. Sie schwenken sie gleichmäßig zwei Minuten lang hin und her. In der Zwischenzeit angelt ein Hochseefischer bei stürmischer See mit der Magnetangel die Fische. Nach den zwei Minuten zählt der Spielleiter die Punkte auf den geangelten Fischen. Der Teilnehmer mit der höchsten Punktzahl gewinnt das Spiel.

4 *Wandle den Text „Hochseefischen" vom Aktiv ins Passiv um.*

!

Jedes Tempus im Aktiv hat seine Entsprechung im Passiv.

Aktiv	Tempus	Passiv
„Der Jäger *erlegt* den Wal."	**Präsens**	„Der Wal *wird* vom Jäger *erlegt*."
„Der Jäger *hat* den Wal *erlegt*."	**Perfekt**	„Der Wal *ist* vom Jäger *erlegt worden*."
„Der Jäger *erlegte* den Wal."	**Präteritum**	„Der Wal *wurde* vom Jäger *erlegt*."
„Der Jäger *hatte* den Wal *erlegt*."	**Plusquamperfekt**	„Der Wal *war* vom Jäger *erlegt worden*."
„Der Jäger *wird* den Wal *erlegen*."	**Futur I**	„Der Wal *wird* vom Jäger *erlegt werden*."
„Der Jäger *wird* den Wal *erlegt haben*."	**Futur II**	„Der Wal *wird* vom Jäger *erlegt worden sein*."

5 *Bestimme im Text die unterstrichenen Verbformen. Beachte, dass das Passiv Präsens leicht mit dem Futur I Aktiv verwechselt werden kann.*

Unter „Walfang" wird die gewerbsmäßige Jagd auf Wale verstanden (______________________). Nachdem vom Walfangboot aus die Wale mit der Harpune erlegt worden sind (______________________), werden sie mit Druckluft aufgepumpt(______________________), damit sie nicht absinken; dann werden sie mit Farben markiert (______________________), bis die Jäger sie zum Walfangmutterschiff schleppen werden (______________________). Die erlegten Wale werden längsseits liegend abgespeckt (______________________), der Speck wird zu Tran verkocht (______________________) und in Fässern transportiert (______________________). Die Jäger werden ihn später verkaufen (______________________). Der Jäger, welcher den Wal erlegt hat, wird dann gefeiert werden (______________________). Ursprünglich war von der internationalen Walfangkommission für 1986 ein fünfjähriges Fangverbot für die stark bedrohten Wale geplant worden (______________________). Es wird vermutlich erst in den nächsten Jahren wirksam werden (______________________). Einige Walarten wurden bereits ausgerottet (______________________).

6 *Ergänze die Tabelle.*

Tempus	Passiv
Präsens	Der Walfang wird von der Kommission verboten.
Perfekt	
Präteritum	
Plusquamperfekt	
Futur I	
Futur II	

7 *Die unter a) genannten Sätze sind immer Aktivsätze, diejenigen unter b) Passivsätze. Wandle sie vom Aktiv ins Passiv bzw. vom Passiv ins Aktiv um. Unterstreiche die Akkusativobjekte der Aktivsätze und die Subjekte der Passivsätze. Notiere in den Klammern hinter den Sätzen, in welchem Tempus sie stehen.*

Der aufmerksame Wassermann

1. a) Markus **bereitet** ein Tablett für ein weiteres Spiel **vor.** (__________)

   b) Ein Tablett **wird** von Markus für ein weiteres Spiel **vorbereitet.** (Präsens Passiv)

2. a) Er **hält** fünfzehn verschiedene Gegenstände in einer Tüte **bereit.** (__________)

   b) ____________________

   (__________)

3. a) ____________________

   (Perfekt Aktiv)

   b) Dinge wie ein Miniaturboot, Perlen, Muscheln, Plastikfische und Ähnliches **sind** von ihm darin **gesammelt worden.** (__________)

4. a) **Er hatte** den Leuchtturm bereits tagelang **gesucht.** (__________)

   b) ____________________ (__________)

5. a) Markus **wird** nun die einzelnen Gegenstände auf dem Tablett **verteilen.** (__________)

   b) Die einzelnen Gegenstände **werden** von Markus nun auf dem Tablett **verteilt werden.** (__________)

6. a) Die Spielteilnehmer **behalten** nun nach Möglichkeit alle Gegenstände auf dem Tablett im Kopf.

   (__________)

   b) ____________________

   (Präsens Passiv)

7. a) ____________________ (__________)

   b) Danach **wird** das Tablett von Markus mit einem Tuch **abgedeckt.** (__________)

8. a) Die Spielteilnehmer **schreiben** dann alle Gegenstände auf einem Zettel **auf.** (__________)

   b) Alle Gegenstände **werden** dann von den Spielteilnehmern auf einem Zettel **aufgeschrieben.**

   (__________)

9. a) ____________________ (__________)

   b) Das Spiel **wird** von dem Spieler mit den meisten richtigen Begriffen **gewonnen.**

   (__________)

Wortbildung

Wortfamilie
Zu einem **Wortstamm** können durch **Ableitung** und/oder **Zusammensetzung** mehrere Wörter gebildet werden. Sie sind sprachlich verwandt und werden deshalb **Wortfamilie** genannt.
Die Wörter einer Wortfamilie können sich unterscheiden durch
Präfixe (= Vorsilben): „laufen – **ver**laufen – **ent**laufen“,
Suffixe (= Nachsilben): „bilden – bild**lich** – Bild**ung**“,
Zusammensetzungen: „schreiben – Schreibtisch – Fernschreiber“.

1 *Die folgende Wortfamilie ist aus verschiedenen Wortarten gebildet. Sortiere die Wörter in die Tabelle.*

Abfuhr fahrtauglich Radfahrer ~~fahren~~ Fahrschein fahrlässig Fuhre überfahren
~~fahrig~~ gefährlich Beifahrer Gefährte Fahrgast anfahren ~~Gefahr~~ verfahren

Nomen: Gefahr, ______

______

Verben: fahren, ______

Adjektive: fahrig, ______

2 *Ergänze folgende Stämme zu Wortfamilien und sortiere sie nach Nomen, Verben und Adjektiven:*

	Nomen	Adjektive	Verben
bau	Baugenehmigung	bäuerlich	bebauen
bind	Bindung		
helf	Aushilfe	unbeholfen	

3 *Je drei Wörter gehören zu einer Wortfamilie. Ordne sie einander zu.*

1. ______
2. ______
3. ______
4. ______

glaubhaft geehrt Gefälle
nehmen glauben Ehrlichkeit
Abfall Übernahme auffällig
Glaube Vernehmung verehren

Wortfelder
Eine Gruppe von **sinnverwandten Wörtern** bildet ein **Wortfeld.**
Die Wörter eines Wortfelds unterscheiden sich in ihrer Bedeutung manchmal kaum, wählt man jedoch treffende Wörter, so kann man Texte genauer und lebendiger schreiben.

Am Samstag in der Großstadt

Die Leute gehen in Massen schwer bepackt mit Einkaufstüten in die Kaufhäuser. Dort gehen sie eifrig von Verkaufsstand zu Verkaufsstand, um noch beladener wieder aus den Eingängen hinauszugehen. Als ginge jemand mit der Stoppuhr hinter ihnen her, drängen sie sich dabei gegenseitig zur Seite. Im Schnellrestaurant essen sie dann hektisch Hamburger, trinken eilig den Kaffee hinterher. Nur wenige gönnen sich die Zeit, ein Schokoladentörtchen zu essen und eine Tasse Tee zu trinken. Selten sieht man jemanden aufmerksam an den Auslagen der Schaufenster entlanggehen und verständnislos auf die rasch vorbeigehenden Passanten blicken.

1 a) *Einige Verben in dieser Geschichte sind nicht sehr ausdrucksstark.*
Finde Verben, durch die du „gehen“, „essen“ und „trinken“ ersetzen kannst.

Verben für „eilig gehen“:

Verben für „langsam gehen“:

Verben für „hektisch essen“:

Verben für „genüsslich essen“:

Verben für „hektisch trinken“:

Verben für „genüsslich trinken“:

b) *Schreibe nun eine überarbeitete Fassung der Geschichte in dein Heft und setze sie fort.*

2 a) *Hier hat sich jemand geirrt und jeweils ein Wort im Wortfeld falsch zugeordnet.*

Baum: Laubbaum, Obstbaum, Nadelbaum, Purzelbaum, Gummibaum
Nadelbaum: Tanne, Nadelkissen, Kiefer, Lärche, Fichte
Raum: Zimmer, Halle, Kammer, Weltraum, Saal, Schlafraum

b) *Denke dir weitere Wortfelder aus, in denen du ein irreführendes Wort verstecken kannst.*

! Wörter mit gleicher oder ähnlicher Bedeutung heißen **Synonyme,**
z. B.: „Samstag/Sonnabend“, „Fleischer/Metzger“, „schreien/brüllen“.

3 *Bilde mit dem Wortfeld „sagen“ synonyme Paare.*

klagen · verraten · heulen · beteuern · ~~schimpfen~~ · plappern · jammern · schluchzen · angeben · tratschen · stottern · quasseln · versichern · ~~meckern~~ · petzen · klatschen · stammeln · prahlen

schimpfen – meckern __________ __________

__________ __________ __________

__________ __________ __________

! **Homonyme**
Gleich lautende Wörter, die aber unterschiedlichen Wortfeldern zugehören und deshalb verschiedene Bedeutungen haben, nennt man **Homonyme**.
Klarheit über ihre Bedeutung erhält man nur im Sinnzusammenhang:
„Ich bringe mein Geld auf die *Bank*.“ – „Die *Bank* ist unbequem.“

4 *Zu jedem der nachfolgenden Wörter gibt es zwei Bedeutungen.*
Schreibe sie auf. Ein Wörterbuch kann dir beim Suchen helfen.

Blüte: __________

Kater: __________

Bremse: __________

Kiefer: __________

Pony: __________

Schlange: __________

Wortbedeutung

!

Erschließen unbekannter Wörter

Wer den Inhalt eines Sachtextes verstehen will, muss sich über die **Bedeutung der verwendeten Wörter** im Klaren sein. Unbekannte Wörter sind auf verschiedene Arten zu erschließen:

- Fachausdrücke kannst du manchmal beim **genauen und wiederholten Lesen** aus dem Zusammenhang heraus **erschließen**. Dem Text beigefügte **Schaubilder oder Fotos** helfen dir dabei.
- In **Schulbüchern** findest du häufig einen **Anhang**, in dem unbekannte Fachbegriffe erklärt werden.
- Fremdwörter schlägst du im **Fremdwörterlexikon** nach, wo diese meist auch kurz erklärt werden.
- Genaue Informationen erhältst du aus dem **Jugendlexikon** oder **Jugendsachbuch**.

1 *Unterstreiche im Text alle dir unbekannten Begriffe.*

Ökosystem Wattenmeer

Die Wattenküste der Nordsee mit dem von Ebbe und Flut verursachten Wechsel von Trockenfallen und Überflutetwerden ist weltweit einzigartig. Von den ungefähr 2000 verschiedenen Spezies, die dort zu finden sind, kommen ca. 250 ausschließlich im Watt vor. Bei der Zerstörung ihres Lebensraumes können sie nirgendwohin ausweichen. Der Seehund ist die einzige hier lebende Säugetierart. Seine Liegeplätze finden sich auf Sandbänken in unmittelbarer Nähe zu den tiefen Prielen. In diese Rinnen, die der Ebbestrom ins Watt gegraben hat, kann er bei Gefahr flüchten. Viele Tiere leben unter der Wattoberfläche im Schlick (Abb. links). Ein Kubikmeter Schlick kann bis zu 100 000 Lebewesen enthalten. Schadstoffeinleitungen, Fischerei, Tourismus und Landwirtschaft gefährden die Existenz der Pflanzen und Tiere.

2 *Erkläre aus dem Textzusammenhang die Bedeutung des Wortes „Priel“.*

Schreibe die Antworten zu den folgenden Arbeitsaufträgen in dein Heft.

3 *Entschlüssele die Abkürzungen des Fremdwörterbuchartikels (Text 1), die nach dem Stichwort genannt werden. Wähle die für den oben dargestellten Zusammenhang passende Bedeutung des Begriffs „Spezies“.*

4 *Kläre den Inhalt des Fachbegriffes „Ökosystem“, nimm dazu auch Text 2 zu Hilfe.*

5 *Erschließe dir alle noch unklaren Begriffe und beschreibe dann in eigenen Worten das Ökosystem Wattenmeer.*

Text 1 (Auszug aus einem Fremdwörterlexikon):
Spe|zi|es [ˈʃpeːtsiɛs] *<lat.>* die; -, - [...eːs]: 1. besondere, bestimmte Art, Sorte von etw., einer Gattung. 2. Tier- od. Pflanzenart (in der biol. Systematik). 3. Grundrechnungsart in der Mathematik. 4. eine bestimmte, nicht auswechselbare Sache, die Gegenstand eines Schuldverhältnisses ist, z. B. Spezieskauf: Kauf eines bestimmten Gegenstandes. 5. Teegemisch (Pharm.).

Text 2 (Auszug aus dem Anhang eines Schulbuches):
Ökosystem: eine Lebensgemeinschaft, in der unbelebte Umweltfaktoren (Boden, Wasser, Klima) und Lebewesen zusammenwirken und in einer Wechselwirkung stehen. Ökosysteme befinden sich nahezu im Gleichgewichtszustand. Es gibt *Erzeuger* (Pflanzen), *Verbraucher* (pflanzenfressende Tiere) und *Zersetzer* (Würmer, Bakterien), die abgestorbene Pflanzen und Tiere wieder aufbereiten.

!

Herkunft von Wörtern und Namen
Die Herkunft von Namen und Wörtern kannst du in **Namenslexika** oder **Herkunftswörterbüchern** nachschlagen.

1 *Erkläre mit Hilfe der folgenden Lexikonartikel die Bedeutung des Wortes „Maulwurf".*

- *Werfen* starkes Verb (8. Jh.), mhd. werfen, ahd. werfan, as. werpan. Aus g. *werpa- „werfen".
- *Maulwurf* Substantiv m (8. Jh.), mhd. Mulwurf, mu(l)werf (neben anderen Formen), ahd. mu(l)werf, as. moldwerp.
  Ausgangspunkt im Vorderglied des Wortes vermutlich ae. muwa, muha, muga „Hügel, Haufen".
  Dann eine Umdeutung zu mhd. molt(e), ahd. molta „Staub, Erde", also „Erdwerfer".
- *Maul* Substantiv n (10. Jh.) mhd. mule, ahd. mula. Aus g. *mula-/o(n) „Mund, Maul".

Bedeutung der Abkürzungen:
Jh. = Jahrhundert; mhd. = mittelhochdeutsch; ahd. = althochdeutsch; g. = germanisch; as. = altsächsisch; ae. = altenglisch; * = Wortstamm

2 *Manche Vornamen enthalten Bestandteile aus dem Germanischen oder Althochdeutschen. Sie verweisen dann auf* ***Eigenschaften der Personen****, die diesen Namen tragen. Erkläre die Eigenschaften der folgenden Namen anhand der angegebenen Liste.*

Ahd. gêr = Speer; g. hard = stark; g. er = Ehre; g. wig = Kampf; ahd. hlut = laut, berühmt; ahd. muot = Gemüt, Sinn

Erhard ______ Hartmut ______

Ludwig ______ Gerhard ______

3 *Teilweise lassen sich Namen von biblischen Namen ableiten oder sie sind im Zuge der Christianisierung aus dem Lateinischen übernommen worden. Schlage in einem Namenslexikon die Bedeutung der aus dem Lateinischen abgeleiteten Namen nach.*

Markus ______ Clemens ______

4 *Manchmal sprechen die Namen für sich, weil sie von* ***Spitznamen*** *(z. B. Kleinhans) oder* ***Berufsbezeichnungen*** *(Frau und Herr Gärtner) ausgehen. Schreibe weitere Nachnamen auf, die sich so erklären lassen.*

Satzglieder erkennen und bestimmen

! Du weißt bereits aus der Jahrgangsstufe 5, dass sich ein Satz aus verschiedenen **Satzgliedern** zusammensetzt. Durch die **Umstellprobe** kannst du prüfen, ob ein einzelnes Wort oder eine ganze Wortgruppe ein Satzglied bildet: Wenn du einen Teil eines Satzes umstellen kannst, ohne den Sinn des Satzes zu verändern, handelt es sich dabei um ein Satzglied.

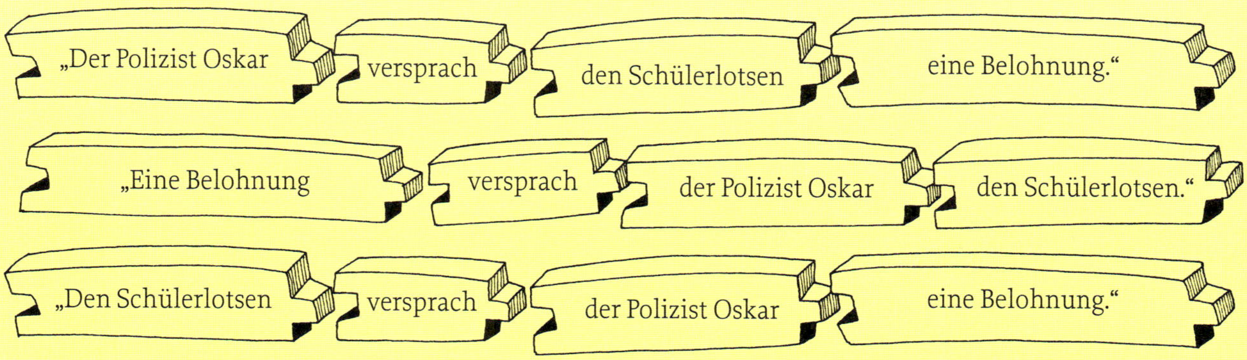

1 *Führe die Umstellprobe durch und umkreise die Satzglieder:*

Die Schülerlotsen freuten sich über das Lob des Polizisten.

____

Viele Schülerinnen und Schüler können den Schülerlotsen dankbar sein.

____

Auch die Eltern sind froh über einen gesicherten Schulweg.

____

Die Schulleiterin hat die Aktion sehr unterstützt.

____

! Um die einzelnen Satzglieder in den Aussagesätzen zu bestimmen, gehst du am besten vom Kern des Satzes aus, dem **Prädikat**. Es wird immer von einem Verb gebildet: „Der Polizist *lobte* die Schülerlotsen." „Die Schülerlotsen *freuten sich* über das Lob." Denke daran: Das Prädikat kann auch **mehrteilig** sein, z. B.: „Die Schulleiterin *hat* die Aktion sehr *unterstützt*."

2 *Unterstreiche die Prädikate.*

Beim Fahrradfahren solltest du einen Helm tragen. Mit heller oder bunter Kleidung wirst du im Straßenverkehr besser gesehen als mit dunkler. Auch als Fußgänger musst du die entsprechenden Verkehrszeichen beachten.

!

Vom Prädikat ausgehend kannst du durch unterschiedliche Fragen die weiteren Satzglieder bestimmen:

„*Wer* oder *was* lobte die Schülerlotsen?" (= Frage nach dem **Subjekt** des Satzes)	„*Der Polizist Oskar* lobte die Schülerlotsen."
„*Wen* oder *was* lobte er?" (= Frage nach dem **Akkusativobjekt** des Satzes)	„Er lobte *die Schülerlotsen*."
„*Wem* können die Schüler/innen dankbar sein?" (= Frage nach dem **Dativobjekt** des Satzes)	„Sie können *den Schülerlotsen* dankbar sein."
„*Worüber* freuten sich die Schülerlotsen?" „*Wofür* lobte der Polizist sie?" (= Fragen nach dem **Präpositionalobjekt**)	„Sie freuten sich *über das Lob des Polizisten*." „Er lobte sie *für ihre Hilfsbereitschaft*."

3 *a) Unterstreiche zunächst die Prädikate der folgenden Sätze.*
b) Bestimme dann die übrigen Satzglieder mit Hilfe der oben genannten Fragen.

Der Polizist Oskar schnappte den Ladendieb.

Subjekt: ______________________________

____

Der Dieb übergab dem Polizisten die gestohlenen Schmuckstücke.

____

____

Der Juwelier dankte Oskar für die schnelle Aufklärung des Diebstahls.

____

____

Der Dieb entschuldigte sich für seine Tat.

____

____

Die adverbiale Bestimmung

!

Um ein genaues Protokoll über einen Diebstahl anzufertigen, braucht der Polizist Oskar Angaben, die die näheren Umstände der Situation betreffen. Diese Satzglieder, die auf die Fragen **Wann ...?, Wo ...?, Warum ...?, Wie ...?** usw. antworten, nennt man **adverbiale Bestimmungen**.

Man unterscheidet

- **adverbiale Bestimmungen der Zeit (temporal):**
  „*Wann* passierte der Diebstahl?" – „Der Diebstahl geschah *am Montag, dem 24. 02. 2003, gegen 5:30 Uhr.*"
  „*Wie lange* hantierte der Täter am Safe, um ihn zu öffnen?" – „Der Dieb brauchte *eine Viertelstunde.*"
  „*Seit wann* ist der Dieb gefasst?" – „Er ist *seit 10:30 Uhr gefasst.*"

- **adverbiale Bestimmungen des Ortes (lokal):**
  „*Wo* ereignete sich der Diebstahl?" – „Der Diebstahl geschah *im Juweliergeschäft Silbermine, Perlenstraße 585 in München.*"
  „*Wohin* flüchtete der Täter?" – „Der Dieb flüchtete *in seine nahe gelegene Wohnung.*"

- **adverbiale Bestimmungen des Grundes (kausal):**
  „*Warum* hat der Dieb gestohlen?" – „*Wegen hoher Schulden* hat er gestohlen."

- **adverbiale Bestimmungen der Art und Weise (modal):**
  „*Wie* fand der Diebstahl statt?" – „Er fand *unbewaffnet* statt."

- **adverbiale Bestimmungen des Zwecks (final):**
  „*Zu welchem Zweck* trug der Dieb eine Strumpfmaske?" – „Er trug sie *zur Tarnung.*"

1 *Verfasse einen Polizeibericht, in dem du die oben genannten adverbialen Bestimmungen verwendest. Die übrigen Informationen musst du erfinden.*

Diebstahl in einem Juwelierladen

Am Montag, dem 24. 02. 2003, ...

Oskar, der freundliche Polizist

2 *a) Setze im ersten Teil die passenden adverbialen Bestimmungen ein.*
b) Unterstreiche und benenne die adverbialen Bestimmungen im zweiten Teil des Textes, indem du die passenden Fragen stellst.

laut scheppernd
auf einen Berg von Bauschutt
wegen des kraftvollen Steinwurfs
schon lange
gegen ein Stoppschild
fröhlich pfeifend
am Kragen
über die Straße
grinsend
energisch
aus lauter Schabernack
ärgerlich
mit Schwung

__________ geht ein Junge __________ . Er kickt __________ eine Blechdose __________ . __________ wirft er __________ einen Stein __________ . __________ fällt das Stoppschild __________ herunter. Oskar, der freundliche Polizist, der den Jungen __________ beobachtet hat, packt ihn __________ __________ und ermahnt ihn __________ :

„Da hast du ja etwas Schönes angerichtet!" Der Junge schaut Oskar ängstlich (*Wie ...? modal*) an. „Wegen des fehlenden Verkehrsschildes (__________) ist der Straßenverkehr erheblich gefährdet. Vor einem Stoppschild (__________) muss jeder Verkehrsteilnehmer anhalten und schauen, ob er weiterfahren kann. An so einer großen Kreuzung (__________), die wegen der Baustelle (__________) besonders unübersichtlich (__________) ist, darf das Schild nicht einmal eine Sekunde lang (__________) fehlen. Sonst kommt es hier (__________) zu schweren Unfällen." Oskar weiß eine Lösung: Der Junge muss so lange selbst das Schild mit erhobenen Händen (__________) festhalten, bis Oskar einen Handwerker geholt hat, der es wieder repariert.

Immer im Dienst

Am letzten Donnerstag hatte der Polizist Oskar wegen seiner vielen Überstunden dienstfrei. Zur Entspannung wollte er den ganzen Tag lang im Garten arbeiten. Aus lauter Freude stand er an seinem freien Tag gerne früh auf. Gleich nach dem Frühstück wollte er mit seinem neuen Rasenmäher aus Leichtmetall seinen englischen Rasen mähen. Oskar holte seine neueste Errungenschaft aus der Garage und stellte sie behutsam vorne in die Einfahrt, denn er musste schnell ein Verlängerungskabel besorgen. Als er nach kurzer Zeit zurückkam, schrie er vor Schreck auf: Der Turbo 2000, sein neuer Rasenmäher, war spurlos verschwunden. Oskar rannte verzweifelt auf die Straße. Da sah er einen Lastwagen wegfahren, der die Aufschrift trug: „Alteisen – wir holen kostenlos auch Ihre Geräte ab!“
Sekunden später war der Wagen ein winziger Punkt in der Ferne. Oskar überlegte pflichtbewusst: „Für die Geschwindigkeitsübertretung wird der Fahrer eine Geldbuße bezahlen müssen.“
Und dann beschloss er, besser aufzupassen, damit ihm so etwas kein zweites Mal passierte.

3 *Unterstreiche die adverbialen Bestimmungen und ordne sie in das Schema ein.*

Temporale adverbiale Bestimmungen (Wann ...? Seit wann ...? Wie lange ...?):

____

____

Lokale adverbiale Bestimmungen (Wo ...? Wohin ...? Woher ...?):

____

Kausale adverbiale Bestimmungen (Warum ...?):

____

Modale Bestimmungen (Wie ...?):

____

Finale adverbiale Bestimmungen (Wozu ...? Zu welchem Zweck ...?):

____

TIPP

Wenn du die adverbialen Bestimmungen weglässt, kannst du prüfen, welche Satzglieder in einem vollständigen Satz notwendig sind. Dieses Verfahren nennt man auch die **Weglassprobe**. Der erste Satz aus der Geschichte heißt dann: „Der Polizist Oskar hatte dienstfrei.“
Wenn du andere adverbiale Bestimmungen einsetzt, kannst du den Sinn eines Satzes völlig verändern.

4 a) *Führe beim zweiten Satz der Geschichte „Immer im Dienst“ zunächst die Weglassprobe durch. Ersetze dann die weggefallenen adverbialen Bestimmungen durch folgende neue: vor lauter Langeweile, im Polizeibüro, für einige Stunden.*

____

____

!

Adverbiale Bestimmungen können **aus unterschiedlichen Wortarten** gebildet sein:

- aus einem **Adjektiv**: „Oskar arbeitet *vorbildlich.*"
- aus einer **Nominalgruppe mit Präposition**: „Er arbeitete *im Garten.*"
- aus einem **Adverb**: „Oskar stand *gerne* auf."

Das **Adverb** (Umstandswort, Plural: die Adverbien) ist eine Wortart, die man leicht mit dem **Adjektiv** verwechseln kann.
Im Gegensatz zum Adjektiv ist das Adverb in der Regel nicht veränderbar, d.h. in der Fachsprache: Das Adverb lässt sich **nicht flektieren** (beugen).
Beispiele: „morgens", „dort", „glücklicherweise"

5 *Trage die adverbialen Bestimmungen in die Tabelle ein.*

Gestern las Oskar fassungslos in der Tageszeitung folgenden Artikel:

Alteisenhändler schützt die Umwelt

Erstmals wurde am letzten Donnerstag in unserer Stadt probeweise eine große Umweltschutz-Aktion durchgeführt. Alteisenhändler Rost hatte sich aus Gründen des Umweltschutzes bereiterklärt, seinen Lastwagen für einen Tag zur Verfügung zu stellen. Er wollte kostenlos defekte und ausgediente Geräte von Privathaushalten abholen und diese sachgerecht entsorgen. „Sonst werden die Sachen irgendwann heimlich im Wald oder an einer Autobahnraststätte abgeladen, da hole ich lieber alles direkt ab", erklärte Rost entschlossen. Die Aktion konnte erfolgreich abgeschlossen werden, sie war auch lange genug in Funk und Fernsehen angekündigt worden. Eingesammelt wurde alles: verkalkte Waschmaschinen, kaputte Fernseher, verrostete Fahrräder ... „Doch eins ist merkwürdig", meinte Rost nachdenklich, „manche Leute werfen sogar nagelneue Geräte weg, z. B. war vorgestern ein Rasenmäher dabei, das neueste Modell. Das benutze ich jetzt wegen seiner Bedienungsfreundlichkeit selbst gerne." Der Alteisenhändler will dankenswerterweise im nächsten Jahr diese Aktion wiederholen. Auch wir wollen diese Umweltschutz-Aktion auf unsere Art tatkräftig unterstützen. Bitte schreiben Sie uns zu dem Thema: „Deutschland – eine Wegwerfgesellschaft?"

adverbiale Bestimmungen gebildet durch		
Adjektiv	**Präposition mit Nominalgruppe**	**Adverb**
kostenlos	*am letzten Donnerstag*	*erstmals*

Das Attribut

!

Angaben, die ein Bezugswort (z. B. ein Nomen) näher bestimmen, nennt man **Attribute**.
Ein Attribut kann vor oder nach dem Bezugswort stehen. Es ist **Teil eines Satzgliedes** und kann bei der Umstellprobe **nur zusammen mit seinem Bezugswort** verschoben werden.

Attribut + **Bezugswort** — „ein *faires* Spiel“

Bezugswort + **Attribut** — „ein Sportler *zum Anfassen*“

1 *Ordne im Folgenden die Attribute einem Bezugswort zu.*
Ein Bezugswort kann auch mehrere Attribute haben.

ein hochdramatisches
Match,

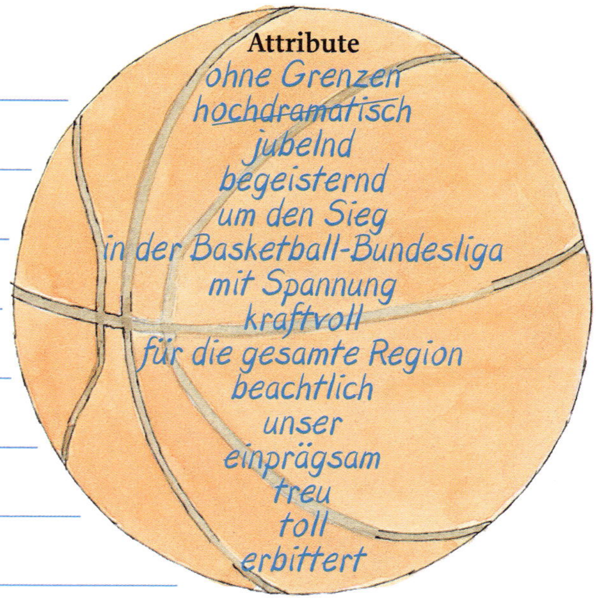

2 *Bilde Schlagzeilen für eine Sportzeitung. Markiere die Attribute und ihr Bezugswort.*

Herausragendes Basketballspiel in Bamberg!

Besonders in der Werbung sind Attribute von Bedeutung. Für die Spielstätte der Bamberger Basketball-Bundesligamannschaft, die Halle „Forum Bamberg“, wird mit folgenden Angaben geworben:

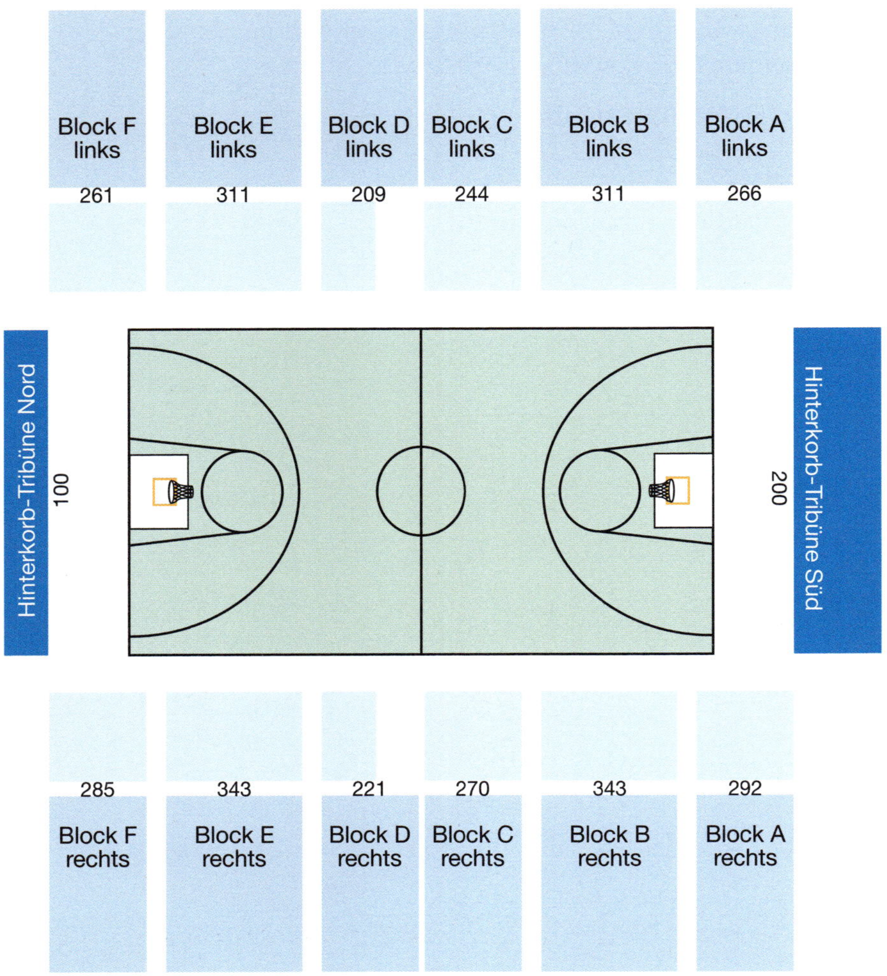

(Die Zahlenangaben beziehen sich auf die Menge der Sitzplätze.)

- günstige Verkehrsanbindung an die Autobahnen A 73 (von Nürnberg/ Erlangen/München), A 3 (von Frankfurt/ München) und A 70 (von Schweinfurt)
- sehr gute Parkmöglichkeiten
- großzügiges Foyer
- Fassungsvermögen von 3600 bis 4000 Zuschauern
- optimale Fernsehtauglichkeit

3 *Umrahme die Attribute und mache mit Pfeilen das Bezugswort deutlich.*

4 *Suche werbewirksame Attribute für folgende Bezugswörter.*

Restaurant Zuschauer Spiele Erlebnis Sicht Eintrittspreis Mannschaft Hallenzeitung

gemütliches Restaurant mit großer Auswahl,

!

Attribute treten in sehr unterschiedlichen Formen auf. Häufig kommen vor:
- **Adjektive**, z. B.: „die *gegnerische* Mannschaft“,
- **adjektivisch gebrauchte Partizipien**, z. B.: „das *jubelnde* Publikum“,
- **Pronomen**, z. B.: „*unser* Ball“,
- **Zahlwörter**, z. B.: „*zehn* Sekunden“,
- **Nomen im Genitiv**, z. B.: „der Pfiff *des Schiedsrichters*“,
- **Nomen mit Präposition**, z. B.: „der Spieler *in der Freiwurfzone*“.

5 *Bestimme, aus welchen Wortarten die hervorgehobenen Attribute gebildet sind:*

	Wortart
Basketball ist ein superschnelles Spiel.	Adjektiv
Ein Angriff auf den gegnerischen Korb muss innerhalb von	
dreißig Sekunden abgeschlossen sein.	
Nach einem Korb der einen Mannschaft muss die andere Mannschaft den Ball innerhalb von	
zehn Sekunden aus ihrer Spielhälfte befördert haben.	
Jeder Regelverstoß führt zum Ballbesitz der Gegner.	

TIPP

Durch die **Umstellprobe** kannst du erkennen, dass Attribute nur ein **Teil eines Satzgliedes** sind.
Beispiel:

Jedes Basketballspiel dauert viermal zehn Minuten.

Viermal zehn Minuten dauert *jedes* Basketballspiel.

6 *Stelle die Sätze aus Aufgabe 5 um.*

7 *Suche aus der folgenden Information über Basketball möglichst viele Attribute heraus und schreibe sie mit ihren Bezugswörtern auf. Bestimme anschließend die Wortart der Attribute.*

Jedes Basketballspiel dauert viermal zehn Minuten. Weil nur die reine Spielzeit zählt, dauern sechzig Sekunden nicht selten zehn Minuten. Die Uhr des Kampfgerichts wird bei Auszeiten, Auswechslungen von Spielern und auch bei jedem Foul, z. B. einem Schlag auf die Hand, angehalten. Denn Basketball ist ein Sport mit strengen Regeln. Beim Basketball bewegen sich jeweils fünf Spieler mit rasender Geschwindigkeit aufeinander zu. Der ballführende Spieler deutet mit unterschiedlichen Zeichen seiner Hand einen im Training einstudierten Spielzug an. Dann wird der Ball blitzschnell abgespielt, bis ihn einer der manchmal über 2 Meter großen Spieler in den 3,05 Meter hohen Korb wirft.

Jedes Basketballspiel (Pronomen).

! Eine Form des Attributs ist die **Apposition**, z. B.:
„Bernd Herbst, *der langjährige Teambetreuer*, kümmert sich um die Spieler der Mannschaft."
Die Apposition ist in ihrem Kern immer ein Nomen („Teambetreuer").
Sie folgt dem Bezugswort („Bernd Herbst") und steht im gleichen Kasus (hier: Nominativ).

8 *Unterstreiche die Appositionen.*

Basketball, dem temporeichen Spiel zwischen den Körben, widmet die Schülerzeitung eine ganze Seite.

Jason Sasser, einer der größten Publikumslieblinge, kommt in die Schule.

Dirk Bauermann, der erfolgreichste Trainer in der Geschichte der Basketball-Bundesliga, unterstützt diesen Besuch.

Derrick Taylor, Kapitän der Mannschaft, und Wolfgang Heyder, der engagierte Manager des Vereins, werden Sasser in die Schule begleiten.

Adjektive als Attribut oder adverbiale Bestimmung

!

Adjektive können in einem Satz unterschiedliche Rollen einnehmen.
Sie treten manchmal als **Attribut** (mit Bezugswort) auf, manchmal als **adverbiale Bestimmung**.

Die **Umstellprobe** hilft dir bei der Unterscheidung:
Adverbiale Bestimmungen lassen sich wie alle Satzglieder umstellen, ohne dass sich der Sinn des Satzes ändert.
Attribute sind Teile von Satzgliedern und bleiben auch bei Umstellungen mit ihrem Bezugswort verbunden.

Beispiel:
„Am Jahresende werden oft *sportliche* Ereignisse *eindringlich* in Erinnerung gerufen."
Attribut (*sportliche*) – **adverbiale Bestimmung** (*eindringlich*)

„*Eindringlich* werden am Jahresende oft *sportliche* Ereignisse in Erinnerung gerufen."
adverbiale Bestimmung (*Eindringlich*) – **Attribut** (*sportliche*)

1 *Schreibe die Adjektive aus den folgenden Nachrichten heraus und ordne sie nach ihrer Funktion im Satz.*

Aktuelle Sportereignisse

Radsport: 2002 war für das deutsche Team von technischen Pannen und peinlichen Ausfällen begleitet. Auch der engagierte Kapitän Eric Zabel konnte das grüne Trikot bei der Tour de France nicht halten. Als stolzer Träger des grünen Trikots fuhr der Deutsche sechsmal in Folge überzeugend ins Ziel. Zum letzten Mal glückte ihm diese herausragende Leistung 2001.

Mit Sven Hannawald und Martin Schmitt übertraf die junge Mannschaft die kühnsten Erwartungen. Martin Schmitt holte die begehrte Silbermedaille im Skiflug und Skispringen; Sven zeigte auch auf der Vier-Schanzen-Tournee noch eine beachtliche Leistung.

Basketball: Die deutsche Mannschaft hat das zweite spannende Zwischenrundenspiel bei der Basketball-WM gegen Argentinien verloren. Die motivierten Spieler erreichten das Viertelfinale und mussten sich dann doch dem überlegenen Gegner tapfer geschlagen geben.

Adjektiv	
als Attribut mit Bezugswort	**als adverbiale Bestimmung**

Adverbiale Bestimmung oder Präpositionalobjekt?

!

Ein **Präpositionalobjekt** ist leicht mit einer **adverbialen Bestimmung** zu verwechseln, weil beide oft eine Präposition enthalten.
Um ein Präpositionalobjekt handelt es sich immer dann, wenn das Prädikat eine ganz bestimmte Präposition erfordert (z. B.: ärgern „über", warten „auf", streben „nach"), die dann auch im Fragewort für dieses Satzglied enthalten ist (z. B.: Worüber ...?, Worauf...?, Wonach ...?).
Beispiel: „Hanna wartet *auf* einen Brief." „*Worauf* wartet Hanna?" (Präpositionalobjekt)
Präposition „auf" ist im Fragewort enthalten und nicht frei wählbar, sondern vom Prädikat gefordert → Präpositionalobjekt.
„Hanna sitzt *auf* dem Balkon." „*Wo* sitzt Hanna?" (adverbiale Bestimmung)
Präposition ist nicht im Fragewort enthalten und nicht vom Prädikat bestimmt → adverbiale Bestimmung.

2 *Bestimme im folgenden Text die hervorgehobenen Satzglieder.*

(1) Eine Mannschaft besteht immer aus mehreren Spielern und einem Kapitän (____________________).
Dabei müssen die einzelnen Spieler nicht aus demselben Ort (____________________) kommen.

(2) Ein perfekter Spielverlauf ist aber nur zu garantieren, wenn alle Spieler auf ihren Plätzen (____________________) sind und alle auf ihren Kapitän (____________________) hören.

(3) Viele, die zunächst über den mangelnden Teamgeist (____________________) geklagt haben, sind nun über den gemeinschaftlichen Sieg der Mannschaft (____________________) überrascht.

(4) Niemand wird dabei eine Mannschaft nur nach dem äußeren Anschein (____________________) beurteilen.
Nach einer langen Spielpause (____________________) kann aber ein enttäuschendes Ergebnis zu herber Kritik führen.

(5) Wenn die Reporter und Fans dann sehr lange auf das ersehnte Interview (____________________) warten müssen, kann man das manchmal auf der ersten Seite der Lokalzeitung (____________________) lesen.

(6) Nicht alle Fernsehsender, die ihre Kameras über dem Spielfeld (____________________) installiert haben, berichten auch positiv über die Leistung der Spieler (____________________).

Satzreihe und Satzgefüge

!

Ein zusammengesetzter Satz, der aus zwei oder mehr Hauptsätzen besteht, wird **Satzreihe** genannt. Meist werden die Teilsätze durch **nebenordnende Konjunktionen** (z. B. „und“, „oder“, „denn“, „aber“) miteinander verbunden.

Beispiel:
„Die vielen Geschichten über Till Eulenspiegel sind keine Märchen, | *denn* er hat wirklich gelebt.“

1 *Bestimme die Teilsätze (Hauptsätze) der folgenden Satzreihen, indem du*
- *einen senkrechten Strich zwischen ihnen ziehst und*
- *die Konjunktion unterstreichst.*

Das ist freilich schon sechshundert Jahre her, oder es waren ein paar Jahrzehnte mehr oder weniger, aber auf jeden Fall war diese Zeit seltsam und wirr.

Viele Fürsten und Herzöge regierten, und jeder herrschte nach seinem Gutdünken, denn es gab damals noch kein geschriebenes Gesetz und kein Recht für jedermann.

So mancher Ritter nahm sich mit Gewalt fremden Besitz, aber die Leute nahmen es hin. Sie waren Unrecht gewohnt, denn auch mancher Kaufmann oder Wirt brachte mit List und Tücke seine Kunden um das letzte Geld.

Der Bauer musste schwer arbeiten, und die Armen und Kranken waren schutzlos der Not preisgegeben.

2 *Füge die einzelnen Sätze sinnvoll zu Satzreihen zusammen.*
Benutze dabei auch nebenordnende Konjunktionen wie denn, und, aber.

Eulenspiegel war ein stattlicher Bursche.
Er hatte helle Augen im Kopf.
Er hatte sein Mundwerk am rechten Fleck.
Freilich war er kein Musterknabe.
Das Herumstreichen gefiel ihm besser als das Arbeiten.
Er kannte alle Landstraßen.
Er lernte, den Leuten ins Herz zu blicken.
Oft sah er Neid und Geiz, aufgeblasene Härte und dummen Stolz.
Eulenspiegel nahm die Leute beim Wort.
Er spielte ihnen die eigene Narrheit vor.

!

Ein **Satzgefüge** besteht aus mindestens einem **Hauptsatz** (HS) und einem **Nebensatz** (NS).

Ein Nebensatz wird zumeist mit einer **unterordnenden Konjunktion** (z. B. „als“, „dass“, „wenn“ ...) oder mit einem Relativpronomen (z. B. „der“, „die“, „das“, „welcher“, „welche“, „welches“) eingeleitet.

Einen Hauptsatz erkennst du daran, dass die **Personalform des Prädikats** nach dem ersten Satzglied **an zweiter Stelle im Aussagesatz** steht. **Im Nebensatz** findest du die **Personalform des Prädikats am Schluss.**

Beispiel: „Till Eulenspiegel *kämpfte* gegen die Dummheit, die er an vielen Orten *vorfand*.“

„Till Eulenspiegel *kämpfte* gegen die Dummheit, = **HS**; die er an vielen Orten *vorfand*.“ = **NS**

Haupt- und Nebensatz werden **durch Komma getrennt**, wobei der Nebensatz **vor, hinter oder innerhalb** des Hauptsatzes stehen kann.

3 *Unterscheide in der folgenden Episode über Eulenspiegel Hauptsatz und Nebensatz, indem du*
- *die Personalform des Verbs im Hauptsatz rot und im Nebensatz blau unterstreichst,*
- *einen senkrechten Strich zwischen Haupt- und Nebensatz ziehst,*
- *das Einleitungswort des Nebensatzes umkreist.*

Eulenspiegel wird dreimal getauft

Der Held der vielen Geschichten ist in dem kleinen Städtchen Kneitlingen am Flusse Elm geboren, | das im Lande Braunschweig liegt. Seine Eltern, die rechtschaffene Leute waren, stammten von Bauern ab. Als sie das kräftige und schöne Kind sahen, wussten sie nicht, dass der liebe Gott ihnen einen zukünftigen Schelm in die Wiege gelegt hatte. Sie freuten sich, weil er so klug und munter blickte.

Sie wollten ihm einen Namen geben, der besonders schön und vornehm klang. Der Vater bat den hochgeborenen Ritter Till von Uetzen, der der Herr der nahen Burg Ampleben war, um Taufbeistand. Das Kind bekam so gleich einen bedeutenden Namen, weil Herr Till als Wegelagerer und Raubritter bekannt war.

Nach der Taufe gingen alle zum Taufschmaus ins Wirtshaus, wie es so Brauch war. Da wurde getafelt und getrunken, bis keiner mehr ganz sicher auf den Beinen stand. Der Heimweg führte aber über den Fluss, der hier nicht tief, doch sehr schlammig war. Die Taufpatin, die mit Till im Arm vorausging, rutschte aus und fiel ins Wasser. Till brüllte wie am Spieß, als man die beiden unter großem Gelächter wieder herauszog.

Zu Hause badete man Till, bis er wieder sauber und zufrieden war.

4 *Bilde aus den folgenden Sätzen Satzgefüge mit Hilfe der angegebenen Einleitewörter.*

Der Schelmenroman

Ein Schelmenroman ist eine Art Abenteuerroman.
Er handelt von den Erlebnissen und Streichen eines gewitzten, frechen Burschen. *(der)*

Im frühen Mittelalter hatte die Bezeichnung „Schelm“ noch eine sehr negative Bedeutung.
Damit waren Verbrecher gemeint wie Strauchdiebe, Wegelagerer, sogar Mörder. *(weil)*

Die Bedeutung der Begriffe wandelt sich im Laufe der Jahre.
Der Schelm begeht vor allem kleinere Gaunereien. *(da)*

Der Schelmenroman wird in ganz Europa nachgeahmt.
Er ist in der zweiten Hälfte des 16. Jahrhunderts in Spanien entstanden. *(nachdem)*

Der Schelm stammt meist aus einer niedrigen sozialen Schicht.
Er schlägt sich mit erlaubten wie unerlaubten Mitteln, mit List und Betrug durchs Leben. *(der)*

Der Schelm kritisiert die Gesellschaft und macht sie lächerlich.
Er hält sich nicht an die gesellschaftlichen Regelungen. *(indem)*

Beim Leser ruft der Schelm Heiterkeit und Vergnügen hervor.
Seine Eigenschaften sind Pfiffigkeit, Einfallsreichtum und Schläue. *(da)*

Relativsätze

Nebensätze mit **Relativpronomen (Relativsätze)** nehmen oft **die Stelle eines Attributs** ein. Dann gehören sie zu einem Bezugswort und können bei der Umstellprobe **nur mit diesem zusammen verschoben werden**.

Beispiel: „Till Eulenspiegel wurde ein *außergewöhnlicher* Junge."
Attribut
„Till Eulenspiegel wurde ein Junge, *der außergewöhnlich war.*"
Relativsatz

1 *Wandle die hervorgehobenen Attribute in Relativsätze um.*

(1) Manche Leute hielten Till für einen besonders ungezogenen Buben.

(2) Man beobachtete genau Tills sowohl Schmunzeln als auch Schimpfen auslösendes Verhalten.

(3) Till wollte keinem Menschen einen ihn wirklich schmerzenden Schaden zufügen.

(4) Aber er wollte eine lang anhaltende Erinnerung hinterlassen.

☆ **2** *Verkürze die folgenden Sätze, indem du die hervorgehobenen Relativsätze in Attribute umformst.*

(1) Die Mütter der anderen Kinder, die sehr besorgt waren, verboten ihren Kindern, weiter mit Till zu spielen.

(2) Die Kinder sollten die Ratschläge, die ihnen gegeben wurden, nicht beim Spielen mit Till wieder vergessen.

(3) Aber die Spiele, die sie ohne Till spielen mussten, fanden die Kinder bald langweilig.

(4) Sie suchten Till in seinem Baumhaus, das er selbst gebaut hatte, weil sie nicht länger ohne ihn spielen wollten.

(5) Um ihn herunterzulocken, schlugen sie ihm ein Spiel vor, das sehr beliebt war.

Gliedsätze

Adverbialsätze als eine Form der Gliedsätze
Nebensätze, die ein Satzglied ersetzen, nennt man **Gliedsätze**. Bei der Umstellprobe lassen sie sich allein verschieben. Sie können die Stellung von adverbialen Bestimmungen einnehmen. Dann nennt man sie auch **Adverbialsätze.** Man kann sie mit Satzgliedfragen ermitteln. In der Regel werden sie mit Konjunktionen eingeleitet.

Beispiel: „*Wegen seiner auffallenden Narbe* sprach man in der ganzen Nachbarschaft von Harry Potter."
„*Weil seine Narbe auffallend war*, sprach man in der ganzen Nachbarschaft von Harry Potter."

Adverbialsätze lassen sich nach dem Inhalt unterscheiden:

- **Temporalsätze** geben das Zeitverhältnis an. Beispiel: „*Nachdem Harry die Anmeldung für die Zauberschule erhalten hatte*, erfuhr er auch vom Schicksal seiner Eltern." Satzgliedfrage: „*Wann* erfuhr Harry vom Schicksal seiner Eltern?" Weitere Konjunktionen z. B.: „als", „während", „seit", „ehe"
- **Kausalsätze** geben den Grund an. Beispiel: „ *Weil seine Verwandten davon nichts wissen wollten*, durfte niemand zu Hause über die Zauberschule Hogwarts reden." Satzgliedfrage: „*Warum* durfte niemand zu Hause über Hogwarts reden?" Weitere Konjunktionen z. B.: „da", „sodass", „wenn", „obwohl"
- **Lokalsätze** geben den Ort an. Beispiel: „Dort, *wo Harry dann das Zaubern lernte*, galten ganz andere Regeln." Satzgliedfrage: „ *Wo* galten ganz andere Regeln?" Weitere Konjunktionen z. B.: „wohin", „woher"
- **Finalsätze** geben den Zweck an. Beispiel: „*Damit Briefe auch zuverlässig ankamen*, benutzte man auf Hogwarts Eulen als Briefträger." Satzgliedfrage: „*Wozu* benutzte man Eulen als Briefträger?" Weitere Konjunktionen z. B.: „um ... zu", „dass"
- **Modalsätze** geben die Art und Weise an. Beispiel: „Manche Türen ließen sich nur öffnen, *indem man ein Passwort flüsterte.*" Satzgliedfrage: „*Wie* ließen sich manche Türen öffnen?" Weitere Konjunktionen z. B.: „ohne dass", „als ob"

Kennst du Harry Potter? An seinem elften Geburtstag erfährt er, dass er zur Zauberschule muss.

1 *Unterstreiche die Adverbialsätze im Text und umkreise die Konjunktionen.*
Schreibe an den Rand, um welche Art von Adverbialsatz es sich handelt.

(1) Als Harry Potter endlich in der Zauberschule Hogwarts aufgenommen war, atmete er erleichtert auf. (____________________)

(2) Ihm wurde ganz leicht ums Herz, weil er seine schrecklichen Verwandten nun nicht mehr ertragen musste. (____________________)

(3) Und später würde er sich gegen sie wehren können, indem er einfach ein bisschen zauberte. (____________________)

(4) Er lernte zusammen mit Hermine und Ron viele verrückte Zaubersprüche, damit sie für den Kampf gegen Lord Voldemort gewappnet sein würden. (____________________)

(5) Überhaupt waren die drei Freunde unzertrennlich. Dort, wo Ron war, traf man sicher auch auf Hermine und Harry. (____________________)

(6) Tatsächlich aber sorgten sich Hermine und Ron um Harry, weil sie schreckliche Geschichten über Lord Voldemort gehört hatten. (____________________)

2 *Im folgenden Text sind Adverbialsätze und Relativsätze zu finden.*
a) Verkürze die folgenden Nebensätze zu adverbialen Bestimmungen oder zu Attributen. Dabei musst du teilweise auch Wörter weglassen oder den Satz umstellen.
b) Unterstreiche anschließend die adverbialen Bestimmungen und bestimme sie genau.

(1) Während er Zaubersprüche übte, stellte Harry fest, dass er die Schlangensprache beherrschte.

(2) Viele wandten sich daraufhin von Harry ab, weil sie Angst hatten.

(3) Der letzte Parselmund, der allen bekannt war, hieß Lord Voldemort.

(4) Niemand wollte diesen Namen freiwillig aussprechen, weil schreckliche Erinnerungen damit verbunden waren.

(5) Harry sollte so viel lernen, damit er später gegen Lord Voldemort kämpfen konnte.

(6) Später besaß Harry auch einen Tarnumhang, der nur für ihn sichtbar war.

(7) Harry, der im Schloss nach verborgenen Rätseln suchte, führte heimliche Erkundungstouren durch.

(8) Weil seine Mitschüler sehr neugierig waren, verlegte er seine Streifzüge auf die allgemeine Studierzeit.

Subjekt- und Objektsätze als weitere Form der Gliedsätze
Ein Gliedsatz kann auch **an die Stelle des Subjektes oder eines Objektes** im Satz treten. Diese Gliedsätze heißen **Subjekt- oder Objektsätze** und können genau wie das Subjekt oder ein Objekt des Satzes erfragt werden.

Beispiel: „*Wie er zu den unfreundlichen Dursleys gekommen* war, blieb Harry lange unbekannt."
„*(Wer oder) was* blieb Harry lange unbekannt?" **(Subjektsatz)**

„In Hogwarts vergaß Ron, *dass er Heimweh hatte.*"
„*(Wen oder) was* vergaß Ron in Hogwarts?" **(Objektsatz)**

3 *Subjekt- oder Objektsatz? Bestimme die hervorgehobenen Nebensätze genau. Bei den letzten beiden Sätzen musst du den Nebensatz selbst erkennen.*

(1) Harry Potter träumte oft, dass er seinem Vater begegnete.

(________________________________)

(2) Doch bevor ihm bewusst wurde, dass er ihn ansprechen musste, wachte er auf.

(________________________________)

(3) Lange war ihm nicht klar, wie er das Ende dieser Träume hinauszögern könnte.

(________________________________)

(4) Einmal hörte er sogar, dass jemand neben ihm atmete.

(________________________________)

(5) Aber das war kein Traum. Harry erkannte, dass er sich geirrt hatte.

(________________________________)

(6) Wer auch immer nachts neben ihm geatmet hatte, hatte sicher nichts Gutes im Sinn.

(________________________________)

(7) Ihn ärgerte ganz ungemein, dass er dieses Mal zu spät aufgewacht war.

(________________________________)

(8) Auf keinen Fall wollte er heute Abend vergessen, dass er die Fenster kontrollieren musste.

(________________________________)

(9) Ihm war klar, dass er sehr vorsichtig sein musste.

(________________________________)

Satzzeichen setzen

Satzzeichen bei Satzreihen

In einer Satzreihe werden die Hauptsätze durch **Kommas** abgetrennt: Hauptsatz**,** Hauptsatz.

Beispiele: „Manche Menschen räumen ihre Zimmer sehr gerne auf**,** andere nehmen es nicht so genau mit der Ordnung."
„Ordnung ist das halbe Leben**,** *doch* Unordnung kann Spaß machen."

Vor den Konjunktionen „und", „oder", „entweder ... oder", „weder ... noch", „sowohl ... als auch" muss kein Komma stehen, man kann aber das Komma zur Verdeutlichung setzen.

Beispiel: „Manche Menschen räumen gerne auf**(,)** *und* andere schauen lieber zu."

1 *Finde zu den Sätzen 1–12 passende Teilsätze und bilde Satzreihen. Schreibe die zusammenhängende Geschichte auf. Klammere die Kommas ein, die nicht unbedingt gesetzt werden müssen.*

Gina Ruck-Pauquèt

Räucherstäbchen im Salat

1. Mirjam hatte niemanden auf der Welt als sich selber.
2. Sie steckte die Lockenwickler in die Zuckerdose.
3. Die Stecknadeln steckte sie in den Käse.
4. Die Zervelatwurst legte sie nicht in den Schrank.
5. Das Geschirr stapelte sie in der Badewanne.
6. Die Bratpfanne schob sie unter den Sessel.
7. Eines Tages lernte Mirjam Frieder kennen.
8. Frieder zog bei Mirjam ein.
9. „Du musst dich ändern!", sagte Frieder.
10. Merkwürdigerweise fand Mirjam nun nichts mehr.

Denn im Backofen wollte sie ihre Schlittschuhe aufbewahren.

Sondern sie hängte die Wurst an einer Schnur über ihr Bett.

Und sie wurde sehr traurig.

Und mit sich selber lebte sie zufrieden und glücklich.

Aber er war ein ganz ordentlicher Mensch.

Und sie begann, wieder zu leben wie früher.

Und sie verliebte sich in ihn.

Und schließlich schickte sie den Frieder weg.

11. Da kam es zu einem Streit zwischen ihnen.

12. Diesmal atmete Mirjam tief durch.

Denn im Küchenschrank waren schon Glasperlen, Wunderkerzen und drei leere Vogelbauer untergebracht.

Aber den Zucker hatte sie in die Pfeffermühle gefüllt.

Denn das Nadelkissen war für Heftzwecken bestimmt.

Und sie fing an aufzuräumen.

Mirjam hatte niemanden auf der Welt
als sich selber (,) und mit sich selber
lebte sie zufrieden und glücklich.
Sie steckte die Lockenwickler in die
Zuckerdose

Satzzeichen bei Satzgefügen
In einem Satzgefüge trennt das **Komma** den Nebensatz vom Hauptsatz ab.
Ein Nebensatz wird meist von einer **unterordnenden Konjunktion** (z. B. „weil“, „dass“, „als“) oder einem **Relativpronomen** (z. B. „der“, „die“, „das“) eingeleitet, die Personalform des Verbs steht am Ende.

Man unterscheidet zwischen
- **vorangestelltem Nebensatz:** „*Weil Jana gerne* **liest,** kennt sie viele Geschichten und Gedichte.“
- **eingeschobenem Nebensatz:** „Ein Autor, *der eine Geschichte erfinden* **will,** muss viele Ideen haben.“
- **nachgestelltem Nebensatz:** „Ein Autor ist ein Mensch, *der mit Sprache gut umgehen* **kann.**“

2 *Füge in den nachfolgenden Sätzen die fehlenden Kommas ein, die die Relativsätze von den Hauptsätzen abtrennen.*

Was weißt du über Goethe?

☐ Goethe ist ein Fußballspieler der bei Eintracht Frankfurt spielt.

☐ Goethe ist der Titel eines Liedes das Kinder oft im Mai singen.

☐ Rudi Carrell hat ein Lied gesungen das „Goethe war gut“ heißt.

☐ Die Lieder die Goethe gedichtet hat hat er auch selbst gesungen.

☐ Goethe der schon tot ist war ein Schauspieler.

☐ Es gibt Briefmarken auf denen Goethe abgebildet ist.

☐ Im Lexikon findest du einen Artikel der dich über Goethe informiert.

☐ In deinem Deutschbuch steht ein Gedicht das Goethe geschrieben hat.

☐ Es gibt in Weimar ein Goethehaus das du besichtigen kannst.

☐ Es gibt ein Goethe-Lesebuch das extra für Kinder zusammengestellt und bebildert wurde.

☐ In einem Gedicht von Goethe kommt ein Zauberlehrling vor der zu Beginn einen Besen verzaubert aber schließlich den Zauber nicht mehr beenden kann.

☐ Goethe war immer sehr beschäftigt weil er auch als Minister in Weimar tätig war.

3 *Kreuze an, welche dieser Sätze deiner Ansicht nach sachlich richtig sind.*

4 *Tatsächlich gibt es ein Goethe-Lesebuch für Kinder. Es wurde von Dagmar Matten-Gohdes herausgegeben. Leider sind im folgenden Auszug die Kommas verloren gegangen. Füge die Kommas, die Haupt- und Nebensätze trennen, ein.*

Johann Wolfgang von Goethe der am 28. August 1749 in Frankfurt zur Welt kam erzählt in seinen Lebenserinnerungen „Dichtung und Wahrheit“ auch aus seiner Kindheit.

Weil der Vater den damaligen Lehrern misstraute unterrichtete er Wolfgang und seine Schwester zunächst selbst.

Später kamen Stunden bei Privatlehrern hinzu die den jungen Goethe zusammen mit Nachbarskindern unterrichteten.

Im folgenden Bericht siehst du dass Goethe kein Musterknabe war:

„Der Lehrer war eine Stunde nicht gekommen. Solange wir Kinder alle beisammen waren unterhielten wir uns recht artig. Als aber die mir wohlwollenden hinweggingen nachdem sie lange genug gewartet hatten begannen drei misswollende Kinder mich zu quälen.

Sie hatten mich einen Augenblick im Zimmer verlassen und kamen mit Ruten zurück die sie sich aus einem geschwind zerschnittenen Besen verschafft hatten. Weil ich das Ende der Stunde nahe glaubte setzte ich fest mich bis zum Glockenschlage nicht zu wehren. Als sie anfingen mir die Beine zu peitschen wuchs meine Wut. Mit dem ersten Stundenschlag fuhr ich dem einen der sich's am wenigsten versah mit der Hand in die Nackenhaare und stürzte ihn augenblicklich zu Boden. Einen jüngeren und schwächeren der mich von hinten anfiel zog ich bei dem Kopfe durch den Arm. (...) Sie erhuben zuletzt ein entsetzliches Zetergeschrei sodass wir uns bald von allen Hausgenossen umgeben sahen. Meine Beine die ich von den Strümpfen entblößte zeugten bald für mich. Man behielt sich die Strafe vor ...“

Nachdem Goethe mit 16 Jahren seine Heimatstadt verlassen hatte studierte er auf Wunsch seines Vaters in Leipzig Rechtswissenschaften.

Da ihm die juristischen Studien zu langweilig waren studierte er auch noch Sprachen und Geschichte.

Als er erst 25 Jahre alt war wurde er berühmt. Das Buch das Goethe berühmt machte war der Roman „Die Leiden des jungen Werthers“ der 1774 erschien. Die Geschichte handelt von der unglücklichen Liebe eines jungen Mannes zu einem Mädchen das mit einem anderen verlobt ist ...

(Wenn du noch mehr über Goethe erfahren willst, kannst du dir das Lesebuch „Goethe ist gut“ aus deiner Bücherei besorgen.)

Satzzeichen bei Aufzählungen

In Aufzählungen werden **Wörter** oder **Wortgruppen** durch **Komma** abgetrennt.
Das letzte Wort oder die letzte Wortgruppe wird in einer Aufzählung meist mit einer nebenordnenden Konjunktion angeschlossen (z. B. „und“, „oder“, „beziehungsweise“, „sowie“).
Vor den Konjunktionen „und“, „oder“, „beziehungsweise“, „sowie“ steht aber **kein Komma**. Dies gilt auch bei Aufzählungen von nur zwei Gliedern.

Aufzählung von Wörtern:
„Jedes Jahr kommen viele neue Bücher auf den Markt: *Abenteuerromane*, *Kriminalgeschichten*, *Bildbände*, *Hobbybücher* *und* *vieles andere mehr.*“
Aufzählung von Wortgruppen:
„Es gibt Bücher für *Krimifreunde*, *Bücher über ferne Länder*, *Bücher für Kinder* *oder* *Bücher für Erwachsene.*“

5 *Setze die fehlenden Kommas bei den Aufzählungen: im „Tierrätsel“ sechs, beim „Fabeltier“ fünf und bei der „Kraftprobe“ drei.*

VORSICHT FEHLER!

6 *Umkreise die Konjunktionen, vor denen du kein Komma setzen musst.*

7 *Löse das „Tierrätsel“ und bestimme das „Fabeltier“.*

Hans Manz
Tierrätsel

Der Wolf die Ameise der Luchs die Drossel: Nimm von jedem den ersten Laut, dann weißt du, wo der Erste die Höhle die Zweite die Burg der Dritte den Unterschlupf die Vierte das Nest baut.

Lösung: ____________________

Hans Manz
Fabeltier

Der haarige filzige Pontelaff lebt nicht im Wald lebt nicht im Schnee lebt nicht im Feld lebt nicht im See. Er hängt an dir und er folgt mir, vor allem im Haus und nur am Fuß auf Schritt und Tritt auf Tritt und Schritt.

Lösung: ____________________

Hans Manz
Kraftprobe auf dem Pausenplatz

Wenn ihr Kleinen Schwachen euch untereinander in den Ohren euch gegenseitig auf dem Magen und schließlich in den Haaren liegt, tanzen euch die Großen Starken erst recht auf der Nase herum.

!

Satzzeichen bei der wörtlichen Rede
Die wörtliche Rede steht in **Anführungszeichen**. Die Satzzeichen ändern sich je nach der **Stellung des Begleitsatzes**.

- Begleitsatz **vor der wörtlichen Rede**:
  Zwischen einem einleitenden Begleitsatz und der wörtlichen Rede steht ein Doppelpunkt:
  Laut rief die Mutter in Pauls Schlafzimmer: „Aufstehen, Paul! Du kommst zu spät zur Schule!“
- Begleitsatz **inmitten der wörtlichen Rede**:
  Der eingeschobene Begleitsatz wird durch Kommas abgetrennt:
  „Ich habe verschlafen“, *erklärt Paul dem Lehrer*, „weil mich meine Mutter zu spät geweckt hat.“
- Begleitsatz **nach der wörtlichen Rede**:
  Der nachgestellte Begleitsatz wird durch Komma abgetrennt. Am Ende der direkten Rede entfällt der Satzschlusspunkt, Frage- und Ausrufezeichen bleiben aber erhalten:
  „Das ist eine faule Ausrede“, *entgegnet der Lehrer.*
  „Fällt dir nichts Besseres ein?“, *will er wissen.*
  „Ich werde deine Mutter informieren!“, *ruft er schließlich.*

8 *Unterstreiche die Redebegleitsätze und setze die Satzzeichen für die wörtliche Rede ein.*

Hans Joachim Schädlich
Der Sprachabschneider

Eines Tages taucht vor der Schule ein merkwürdiger Mann auf, der einen großen grünen Regenschirm aufspannt und auf eine Holzkiste steigt. In einer Art krächzendem Sprechgesang verkündet er: Übernehme gegen Lohn Aufsicht über Präposition. Suche dringend Prädikat, biete frischen Wortsalat. Kaufe einzeln und komplett Konsonanten (außer Z). Wer tauscht alte Stammsyllaben[1] gegen fertige Hausaufgaben? Paul würde dem Mann noch gerne länger zuhören, doch er muss zum Unterricht. Paul, jetzt musst du aber nachsitzen! schimpft der Lehrer, als er wieder zu spät kommt ...

[1] **Stammsyllaben:** altertümlich hier für Stammsilben

Am Nachmittag, als Paul seine Hausaufgaben erledigt, klingelt der seltsame Mann an der Tür.

9 *Im folgenden Abschnitt fehlen die Anführungszeichen bei der wörtlichen Rede und die Satzzeichen und Verben bei den Redebegleitsätzen. Ergänze bei den Redebegleitsätzen treffende Verben und setze die fehlenden Satzzeichen.*

„Mein Name ist Vielolog“, meint ________ er mit brummender, knarrender Stimme. Ich möchte dir einen Vorschlag machen. Dabei klopft er auf seinen Koffer. Paul ____________ Meine Eltern sind nicht zu Hause. Aber der Mann ____________ Ich übernehme eine Woche lang deine Hausaufgaben, wenn du mir alle deine Präpositionen und die bestimmten Artikel gibst. (...) Paul überlegt es sich. (...) Während der Vielolog die Quittung schreibt, kann Paul sehen, was in dem Koffer ist. Er liest auf einem Zettel „Pronomen“ und einen Namen, der ihm bekannt vorkommt. Es ist ein Junge aus der 8. Klasse. Bin ja nicht der Einzige ____________ Paul leise. Der Vielolog schreibt die Quittung und macht sich an Pauls Hausaufgaben. Paul steckt die Quittung in die Hosentasche und ____________ Ich gehe Sportplatz. Da lächelt der Vielolog zufrieden.

Satzzeichen bei Infinitivsätzen
Infinitivsätze bestehen aus einem Infinitiv mit „zu“ und mindestens einem weiteren Wort, z. B.:
„Die Siedler versprachen, *das Problem zu lösen.*“

Infinitivsätze müssen in vielen Fällen durch ein Komma abgetrennt werden. Man kann deshalb Fehler vermeiden, wenn man bei einem Infinitivsatz immer ein Komma setzt, z.B.:
„Es war nötig, *Post schnell von der Ost- zur Westküste bringen zu können.*“
„Eine entscheidende Neuerung war, *Nachrichten von den Reitern des Pony-Express überbringen zu lassen.*“

10 *Unterstreiche im folgenden Text alle Infinitivsätze und füge dann die Kommas ein.*

Wie schnell war der Pony-Express?

Lange standen die amerikanischen Siedler vor einem Problem: Wie sollten Regierung und Privatleute an der Ostküste es schaffen mit den Siedlern und Soldaten im Westen schnell Kontakt aufnehmen zu können? Um dieses Problem zu beheben richtete man den Pony-Express ein. Junge, wagemutige Männer wurden angeworben um bei Tag und Nacht, bei Sturm und Regen in vollem Galopp von einer Poststation zur nächsten zu reiten. Dort wartete schon der nächste Bote mit frischen Pferden darauf die mit Post bepackten Satteltaschen an sich zu nehmen und weiterzureiten. Um das Pferd nicht mehr als nötig zu belasten hatten sie kein Gepäck, sondern nur zwei Pistolen dabei. 500 Pferde standen an 190 Stationen bereit und es brauchte nur zehn Tage einen Brief von St. Joseph am Missouri ins 3200 Kilometer entfernte San Francisco zu befördern.

11 *Trenne im folgenden Text alle Infinitivsätze mit Kommas ab.*

Buffalo Bill – der letzte Fährtensucher des Wilden Westens

Einer der wagemutigsten Reiter des Pony-Express war ein Mann namens William F. Cody (1846 – 1917). Den Spitznamen „Buffalo Bill“ erhielt er zur Zeit des Eisenbahnbaus. Cody arbeitete damals für die Eisenbahngesellschaft und seine Aufgabe war es die Arbeiter mit Nahrung zu versorgen. Dazu war es nötig täglich etwa ein Dutzend Büffel zu schießen. Während eines der vielen Kriege gegen die Indianer schaffte er es sich einen Namen als unfehlbarer Fährtensucher und treffsicherer Schütze zu machen. Als 1869 ein Schriftsteller begann Groschenromane über Bill zu schreiben, wurde der „letzte Fährtensucher des Wilden Westens“ zu einem bekannten Helden. Diesen Ruhm nutzte er für die Verwirklichung seiner Wild-West-Show, in der er echte Indianer, Cowboys und Soldaten auftreten ließ. Sie hatten die Aufgabe für die Zuschauer einstige Schlachten nachzustellen. Auf einer dreijährigen Tour durch Europa gelang es ihm täglich bis zu 3000 Zuschauer anzulocken.

12 *Ergänze in den beiden Fabeln die fehlenden Satzzeichen.*

Wolfdietrich Schnurre
Politik

Eine Gans war über Nacht auf dem Eis festgefroren. Das sah der Fuchs und er schlich sich die Schnauze leckend hinüber. Dicht vor ihr jedoch brach er ein und es blieb ihm nichts weiter übrig als sich schwimmend über Wasser zu halten. Weißt du was schnaufte er schließlich begraben wir unsere Feindschaft vertragen wir uns. Die Gans zuckte die Schulter. Kommt darauf an. Ja aber worauf denn! keuchte der Fuchs. Ob's taut oder friert sagte die Gans.

Günter Anders
Der Löwe

Als die Mücke zum ersten Mal den Löwen brüllen hörte da sprach sie zur Henne Der summt aber komisch. Summen ist gut fand die Henne. Sondern? fragte die Mücke. Er gackert antwortete die Henne. Aber das tut er allerdings komisch.

13 *Erkläre die markierten Satzzeichen in dem folgenden Gedicht.*

Heinz Erhardt
Ritter Fips und das Zahnweh

Herr Fips bemerkte kummervoll,
dass ihm die eine Backe schwoll.
Das war an sich nicht schlimm, jedoch
der Schmerz, der aus dem Zahnloch kroch,
der bohrte, zog und quälte ihn.

Da bat Herr Fips um Medizin
den Doktor Stups. Der braute einen
gesunden Trank aus Mückenbeinen,
aus dem Urin der Vogelspinne –
(auch etwas Milz vom Frosch war drinne) –
und noch so was ... Da sprach der Kranke,
als er das Tränklein sah: „Nein, danke!
Eh gegen Schmerzen aus dem Kelche
ich trinke, hab ich lieber welche!"

Schlussfolgerung:
Es werden Schmerzen erst, nachdem
sie nachgelassen, angenehm.

Groß- und Kleinschreibung

!

Nomen werden großgeschrieben.
Ein Nomen kannst du im Satz an verschiedenen **Signalen** erkennen:
- an einem vorausgehenden **Artikel**: „*das* Essen“, „*der* Hund“, „*die* Freunde“,
- an einem vorangestellten **Adjektiv** (oft mit Artikel): „die *schönen* Vögel, „*warmes* Wasser“
- an einer **Präposition**, die auch mit einem Artikel verschmolzen sein kann: „*beim* Frühstück“, „*zur* Schule“, „*ins* Kino“,
- an einem vorangestellten **Pronomen** oder einer **Mengenangabe**: „*unser* Hund“, „*zwei* Tage“.

1 *a) Umkreise alle Wörter, die du waagerecht oder senkrecht in dem Wortversteck findest.*

L	I	B	F	N	L	A	S	S	M	N	Ä	W	F	H	A	U	S	O	L
A	F	R	E	U	N	D	S	C	H	A	F	T	R	E	J	K	W	M	A
N	B	I	T	T	E	K	C	H	L	H	B	T	F	I	A	U	E	E	B
G	R	E	T	Z	R	B	H	Ö	L	L	U	P	R	M	L	P	I	L	E
S	V	F	V	S	S	P	U	N	A	U	N	G	E	W	O	H	N	T	G
T	E	L	E	F	O	N	L	N	G	R	D	Z	M	E	B	K	T	E	E
W	I	T	R	K	K	D	E	N	G	L	A	N	D	H	M	D	F	R	G
H	O	P	S	T	U	M	M	Z	T	R	N	M	S	I	R	T	E	N	N
A	U	S	T	A	U	S	C	H	G	K	H	P	P	D	E	A	R	F	U
B	W	C	A	U	F	R	E	G	E	N	D	F	R	Z	G	U	K	A	N
S	C	H	N	T	G	E	M	L	L	E	Z	F	A	U	S	F	L	U	G
C	H	U	D	Z	F	I	B	B	E	T	B	R	C	R	L	R	Ä	C	M
I	S	L	E	W	M	C	G	T	R	T	R	E	H	Ü	A	E	R	H	L
E	K	E	N	I	C	H	T	S	N	R	E	I	E	C	C	G	T	A	W
D	P	H	R	E	T	T	T	D	T	N	I	H	M	K	D	U	W	L	I
A	B	W	E	C	H	S	L	U	N	G	S	E	H	R	B	N	I	E	E
A	U	F	M	E	R	K	S	A	M	K	E	I	T	X	R	G	T	D	M
T	M	V	E	R	S	T	Ä	N	D	N	I	S	L	S	C	H	W	E	R

b) Schreibe von den umkreisten Wörtern nur die Nomen heraus und ergänze jeweils den Artikel.

der Freund,

Ein Brief aus England

Beim Schüleraustausch vor einigen Wochen hat Simone bei Nancy, einer Schülerin der englischen Partnerschule, und deren Familie gewohnt. Nun ist der erste Brief von Nancy angekommen. Nancy hat sich sehr bemüht, ihre Deutschkenntnisse anzuwenden – nur bei der Groß- und Kleinschreibung hat sie einiges **falsch geschrieben**.

VORSICHT FEHLER!

Hi, Simone,

schade, dass du nicht mehr hier bei uns bist. Es war wirklich schön, immer eine freundin bei mir zu haben, mit der ich erzählen und spielen konnte. Nun muss ich wieder alleine zur schule gehen.

In der Geliebten schule ist es übrigens wie immer. Jeden tag müssen wir aufpassen und schreiben, Ruhig sein und lesen, uns konzentrieren und rechnen. Der Beste lehrer ist doch immer noch Mr. Mitchell! Du hast ihn ja bei mehreren gelegenheiten kennen gelernt. Die Bücher mit bildern und geschichten, die wir bei ihm ausleihen können, gefallen mir immer sehr gut. Gar nicht gut gefällt mir das Schauderhafte essen in unserer kantine, das von tag zu tag schlimmer wird. Gestern gab es viel kartoffelbrei mit pfefferminzsoße -igitt! Mit sicherheit kocht dir deine mutter bessere sachen! Nächste woche bekommen wir unsere zeugnisse. Ich glaube, ich bekomme keine ganz schlechten Noten. Wann gibt es denn in den Deutschen schulen zeugnisse? Und bekommst du dann auch ferien?

Hoffentlich haben wir bald eine möglichkeit, uns wiederzusehen. Hast du deine eltern schon um erlaubnis gefragt, dass ich dich einmal besuchen darf?

Schreib doch bitte bald!

Love, Nancy.

2 a) *Unterstreiche im Text alle Fehler, die bei der Groß- und Kleinschreibung passiert sind.*
Beachte: Nomen kannst du im Satz oft an Signalwörtern erkennen.

b) *Schreibe nun alle unterstrichenen Wörter in der richtigen Groß- und Kleinschreibung auf.*

!

Nominalisierungen
Auch Verben und Adjektive schreibt man **groß**, wenn sie **als Nomen gebraucht**, also nominalisiert werden. Nominalisierungen erkennst du an der Verbindung des Wortes mit einem der **Nomensignale** (Artikel, Pronomen, Mengenangabe, Präposition, Adjektiv).
Beispiele: „*das* Singen", „*sein* Lachen", „*wenig* Süßes", „*im* Voraus", „*lautes* Reden"

In letzter Zeit gab es in der Klasse 6b viel Streit. Deshalb haben sich alle Kinder mit der Klassenlehrerin zusammengesetzt, um zu überlegen, wie sie in Zukunft miteinander umgehen wollen.

Anke: „Ich finde, hier ist es immer so schmutzig. Ab jetzt soll niemand mehr seinen Müll unter dem Tisch liegen lassen, sonst fällt er doch auf den Boden."

Peter: „Ich finde am wichtigsten, dass niemand ein Kind auslacht, wenn es einen Fehler gemacht hat."

Simone: „Ich sitze ganz weit hinten. Wenn alle so laut reden, verstehe ich gar nichts mehr im Unterricht."

Nadine: „Einige werfen immer mit ihren ausgetrunkenen Saftpackungen herum. Dadurch sind meine Hefte alle schon ganz bespritzt."

Ingo: „Manche halten auch die Tür zu, sodass wir anderen nicht reingehen können, um unsere Butterbrote zu holen."

Jennifer: „Warum ruft ihr eigentlich immer in die Klasse? So kommen immer nur die Lautesten dran. Das finde ich doof!"

Axel: „Und was richtig gemein ist: An der Tafel werden immer so hässliche Zeichnungen von einigen aus der Klasse gemalt."

Liese: „Mich stört auch sehr, dass einige Kinder so viel lachen in den Pausen. Das ist so laut."

Terese: „Aber wir können doch kein Lach-Verbot machen! Dann macht es ja gar keinen Spaß mehr, in unserer Klasse zu sein. Ich finde, alle sollten so viel lachen dürfen, wie sie wollen."

Klaus: „ ... und so viel Karten spielen, wie man will."

Um nicht zu vergessen, auf was sie sich geeinigt haben, schreiben die Kinder Plakate für den Klassenraum, auf denen steht, was in Zukunft nicht erlaubt ist. Es gibt allerdings nicht nur Verbotsschilder, manches ist ja auch erlaubt.

3 *Schreibe den Text für die Plakate. Verwende dabei die Verben als Nomen.*
Unterstreiche als Hilfe zuerst das Verb, das du zu einem Nomen umwandeln willst.

Das Liegenlassen von Müll unter den Tischen ist verboten.

4 a) *Setze die angegebenen Verben in die Lücken ein. Alle Verben kommen zweimal vor, einmal kleingeschrieben, einmal – als Nominalisierungen – großgeschrieben.*
b) *Unterstreiche die Nomensignale bei den Nominalisierungen.*

decken kontrollieren fliegen gehen trinken sitzen essen
schweben hängen lachen ausprobieren berühren vorbereiten starten

Wir schreiben das Jahr 2030. Die Klasse 6 c macht eine Klassenfahrt zum Mond.

Die Kinder __________ in die Rakete, wenig später __________ sie alle auf ihren Plätzen. Nach dem __________ der Gurte und Sauerstoffanzüge __________ sie. Das __________ bewirkt für kurze Zeit ein sehr unangenehmes Gefühl im Magen, das sich aber beim __________ dann wieder legt. Tim hat sich noch nie an die Anweisungen der Lehrer gehalten, auch jetzt will er lieber alles selber __________. Er löst den Gurt und schon kann er __________. Er erschrickt und will zurück auf seinen Platz, aber das __________ ist nicht so einfach wie auf der Erde. Das ist eher ein __________ in der Luft. Die anderen Kinder __________. Nur Liese vergeht das __________, als sie versucht die Toilette zu erreichen. Beim __________ gelingt es ihr nicht, den Boden zu __________. Noch bevor die Lehrer etwas sagen können, __________ fast alle Kinder in der Rakete. Dann folgt die Landung: Alle haben sich auf das erste __________ der Mondoberfläche gefreut. Aber kaum eins der Kinder kann die eigenen Schritte so richtig __________. Beim __________ der Schwerelosigkeit im Proberaum auf der Erde, in dem man sich auf eine Mondfahrt __________ kann, war es gar nicht so schwierig gewesen. Besonders lustig gestaltet sich das __________ und __________. Anstatt den Tisch zu __________, __________ die Kinder alles, was sie __________ wollen, einfach in die Luft. So findet sogar Maike das __________ der Mahlzeiten gut, obwohl sie zu Hause das __________ des Tisches hasst. Dieses __________ in der Luft macht allerdings Probleme, wenn die Kinder __________ wollen. Man kann zwar nichts verschütten, aber leider fließt auch nichts einfach angenehm die Kehle hinunter.

!

Achte auf die **Mengenangaben** „etwas“, „alles“, „nichts“, „viel“, „wenig“, „allerlei“, „genug“, „manches“.
In Verbindung mit diesen Pronomen werden **Adjektive großgeschrieben**.
Beispiele: „*etwas* Neues“, „*alles* Gute“, „*nichts* Unbekanntes“

5 *Im folgenden Text musst du jedes Adjektiv gleich zweimal einsetzen.*
Die als Attribut gebrauchten Adjektive schreibst du natürlich klein, die nominalisierten aber groß!

- *Markiere die Bezugswörter der Adjektivattribute mit einem Pfeil.*
- *Unterstreiche die Nomensignale bei den Nominalisierungen.*

bunt

nass | grün | silbrig | angenehm | neu | unbekannt | rund | blau

Während die Klasse 6c sich auf dem Mond tummelt, ist es den Bewohnern des unbekannten Sterns Galaktikos gelungen, mit ihrem ______ Raumschiff auf der Erde zu landen. Da haben sie manches ______ zu bestaunen! Vorsichtig steigen die Besucher aus und treten auf etwas ______, das ein bisschen unter ihren ______ Füßen kitzelt. Auf der Straße, die an der ______ Fläche vorbeiführt, rauscht allerlei ______ vorbei, das keine sehr angenehmen Geräusche und Gerüche verursacht. Aber das ist für die Besucher nichts ______: Auch auf ihrem Planeten bewegt man sich in ______ Kisten, die viel Lärm machen. Ein Galaktikanerkind fragt seinen Vater: „Was mag wohl das ______ über uns sein? Und all das ______ und dieses ______, das so glänzt?“ – „Aber Kleiner“, antwortet der andere, „das ist doch das Weltall, aus dem wir gekommen sind, und der Mond – und einer der Sterne ist unserer!“ Plötzlich tropft den Galaktikanern etwas ______ vom Himmel auf ihre ______ Nasen: Was mag das sein? Auf jeden Fall nichts ______! In Windeseile flüchten sie in ihr ______ Raumschiff. Auf diesem ______ Planeten wollen sie nicht länger bleiben. Schließlich gibt es noch mehr ______ Sterne zu besuchen.

! **Adjektive im Superlativ** mit **„am"** werden kleingeschrieben. Nach solchen Adjektiven kann man mit „wie" fragen. Das Wort „am" ist in diesem Fall kein Nomensignal, sondern gehört zur Steigerungsform. Beispiele: „er springt (Wie?)" – *„am weitesten"*, „er spielt (Wie?)" – *„am besten"*

6 *Martin und Janina unterhalten sich auf dem Nachhauseweg über ihren Tag in der Schule und daheim. Sie sind sich dabei allerdings nicht recht einig. In ihren Äußerungen benutzen sie Adjektive teils in der nominalisierten Form, teils als Superlativ. Setze das Adjektiv jeweils in der richtigen Form ein und achte besonders auf die Groß- und Kleinschreibung.*

Martin meint: 

 **Aber Janina findet:**

Martin meint:	Aber Janina findet:
(1) „Im Sport war Lars heute wieder der Beste!"	„Nein, Herr Meyer hat gesagt, heute war Fabian am ______________."
(2) „Das Schrecklichste ist immer die Physikstunde!"	„Ach was, ich finde, Erdkunde ist am ______________."
(3) „Das ______________ ist jedenfalls das Malen in Kunst."	„Ja, das ist nicht schlecht, aber am schönsten ist doch Singen."
(4) „Wenn meine Mutter jetzt sofort nach der Deutscharbeit fragt, ist das das Schlimmste, was mir passieren kann!"	„Ich habe eine gute Note. Ich fände es am ______________, wenn ich heute mein Zimmer aufräumen müsste."
(5) „Ich frage mich, warum ausgerechnet Physik immer am schwersten ist."	„Aber das ______________ bekommen wir doch immer in Mathematik auf."
(6) „Das ______________ wäre mir, wenn meine Klavierstunde heute ausfiele."	„Mir wäre es am liebsten, wenn ich keine Hausaufgaben machen müsste."
(7) „Weißt du, was ich jeden Tag am nettesten finde? – Mit dir nach Hause gehen!"	„Das stimmt! Ich finde es auch das ______________, auf dem Heimweg mit dir über die Schule reden zu können."

Einige Schüler der Klasse 6 d haben bei ihrer letzten Klassenratssitzung festgestellt, dass es in der Schulbibliothek kaum gute Bücher gibt. Aus diesem Grund beschließt die Klasse, der Buchhandlung Huber einen Brief mit der Bitte um eine Bücherspende zu schreiben.

7 *Unterstreiche im Brief alle nominalisierten Verben und Adjektive mit ihren Nomensignalen.*

Sehr geehrter Herr Huber,

wir, die Schüler der Klasse 6 d des Gymnasiums Neustadt, kommen heute mit einem besonderen Anliegen zu Ihnen. Mit Bedauern haben wir nämlich festgestellt, dass unsere Schulbibliothek nur wenig Interessantes enthält. Die Krimiabteilung hat zwar manch Spannendes zu bieten und auch bei den Abenteuerromanen gibt es allerlei Aufregendes zu entdecken. Ansonsten aber findet sich in unseren Buchregalen nichts besonders Lesenswertes. Die Sachbuchabteilung beinhaltet nur veraltete Bücher, sodass sich schon nach kurzem Blättern bei jedem Leser gelangweiltes Gähnen einstellt. Das Fehlen aktueller Kinder- und Jugendbücher ist aber besonders ärgerlich für uns. Nicht einmal die Bücher von Michael Ende, Astrid Lindgren oder Erich Kästner sind vorhanden. Etwas Schlimmeres kann kaum passieren. Es mangelt uns also am Nötigsten! Deshalb möchten wir Sie bitten, uns mit einer Bücherspende beim Beheben dieses Missstandes zu helfen. Bestimmt sind auch Sie der Meinung, dass es kaum Wichtigeres für eine Schule gibt als eine gut ausgestattete Bibliothek. Unterstützen Sie uns deshalb beim Erneuern unserer Buchbestände. Sollten Sie sich zuerst genauer informieren wollen, freuen wir uns sehr auf Ihr Kommen.

Mit freundlichen Grüßen

Ihre Klasse 6 d

8 *Ordne die Nominalisierungen in die Tabelle ein.*

Nomensignale	nominalisierte Verben	nominalisierte Adjektive
bestimmter/unbestimmter Artikel		
Präposition (+ Artikel)		
Indefinitpronomen		
Possessivpronomen		
vorangestelltes Adjektiv		

9 *Führe mit dem folgenden Brief der Klasse 6 a an ihren Schulleiter, Herrn Müller, ein* ***Eigendiktat*** *durch.*
- *Lies erst den ganzen Text.*
- *Lies dann einen ganzen Satz durch.*
- *Präge dir eine Sinneinheit ein und schreibe sie auf.*
- *Kontrolliere das Aufgeschriebene anschließend.*
- *Gehe den Text auf diese Weise Satz für Satz durch.*

Wenn du einen Lernpartner oder eine Lernpartnerin hast, könnt ihr auch ein ***Partnerdiktat*** *durchführen.*

10 *Unterstreiche anschließend alle nominalisierten Verben rot und die nominalisierten Adjektive blau.*

Sehr geehrter Herr Müller,

als Klassensprecher der Klasse 6 a möchte ich Ihnen mit diesem Brief einige Bitten meiner Mitschüler und Mitschülerinnen übermitteln. Sie betreffen den Wahlunterricht im Fach Sport. Da uns allen der Sportunterricht besonders gut gefällt, möchten wir uns auf diesem Gebiet noch mehr betätigen. Im Grunde bestehen dazu aber bisher wenig Möglichkeiten. Deshalb bitten wir Sie, im nächsten Schuljahr durch ein Verbessern des Wahlkursangebotes eine größere Wahlmöglichkeit an Sportarten zu schaffen.

Wäre es zum Beispiel möglich, einen Förderkurs Volleyball anzubieten? Das Üben verschiedener Schlagtechniken wäre in so einem Kurs leichter möglich, als es im regulären Sportunterricht ist. Auch das Ausprobieren ungewöhnlicherer Sportarten wie Bogenschießen oder Hammerwerfen wäre für uns etwas Interessantes. Fähigkeiten wie Körperbeherrschung und Ausdauer, die im Grunde nicht nur im Sport nötig sind, könnten so verbessert werden. Zusätzliche Sportstunden ließen sich auch zum intensiveren Lauftraining verwenden. Auch ausgedehnte Waldläufe würden dann vielleicht auf dem Programm stehen. Das Angenehme dieser Sportart ist ja, dass man beim Laufen viel frische Luft tankt. Und jeder kann in dieser Zeit über alles Mögliche nachdenken und mit sich ins Reine kommen. Das würde sich bestimmt auch auf den regulären Unterricht vorteilhaft auswirken. Im Großen und Ganzen würde also ein breiteres Sportangebot viel Positives bewirken können.

Wir hoffen, dass unsere Anregungen von Ihnen aufgegriffen werden. Über eine Antwort auf unseren Brief würden wir uns sehr freuen.

Mit freundlichen Grüßen

Ihr Peter Maier, 6 a

Getrennt schreiben oder zusammenschreiben?

! Wörter, die im Text nebeneinanderstehen und inhaltlich zusammengehören, schreibt man normalerweise **getrennt**. Beispiele: „Ball spielen", „laufen lernen", „lieb haben"
Aber: Wenn solche Ausdrücke **als Nomen gebraucht**, also nominalisiert werden, schreibt man sie **zusammen**, z.B.: „Er hat sie *beim Ballspielen* kennen gelernt."

1 *In dem folgenden Text sind einige Ausdrücke durcheinandergeraten. Streiche die falschen Wörter durch und schreibe die Geschichte dann richtig auf.*

Samstagnachmittag: Tobias stopft sich geistesabwesend das dritte Kaugummi in den Mund. Er soll jetzt eigentlich ~~Nägel~~ spielen. Aber heute Morgen, als er im Supermarkt Kaugummi stand, hat er dieses nette Mädchen aus dem Haus nebenan sitzen gelernt und sich mit ihr verabredet, um Geld zu fahren. Jetzt könnte er Klavier kauen vor Aufregung, aber er hat vor allem Schlange, dass Lisa (so heißt sie nämlich!) pleite ist, wenn er sie gleich bei ihrer ersten Verabredung kennen lässt oder zu spät kommt. Also ist es ganz klar: Er muss das Herzklopfen ausfallen lassen und sich heimlich aus dem Haus schleichen! Gesagt, getan. Schnell läuft Tobias durch den Garten zur Garage und holt das Rad, das er zum Geburtstag beleidigt bekommen hat. Sein Rad kauend radelt er fröhlich zum vereinbarten Treffpunkt. Schade, denkt er dabei, dass ich immer geschenkt bin. Sonst könnte ich Lisa zum Notenhämmern einladen. Und er nimmt sich vor: Wenn wir uns wieder verabreden, werde ich bis dahin Angst sparen. Als er um die Ecke biegt, bekommt er ganz schön Eisessen: Da steht Lisa und winkt ihm zu. „Hallo! Wie schön, dass du gekommen bist!", sagt er freudestrahlend.

Klavier spielen.

! Verben, die mit einem Wortbaustein wie „be-“, „ent-“, „ab-“, „durch-“ usw. gebildet werden, schreibt man in den meisten Fällen **zusammen**. Beispiele: „befahren“, „entreißen“, „abfangen“, „durchgehen“

2 *Setze den Wortbaustein in die Blüte ein, der zu allen Verben passt.*

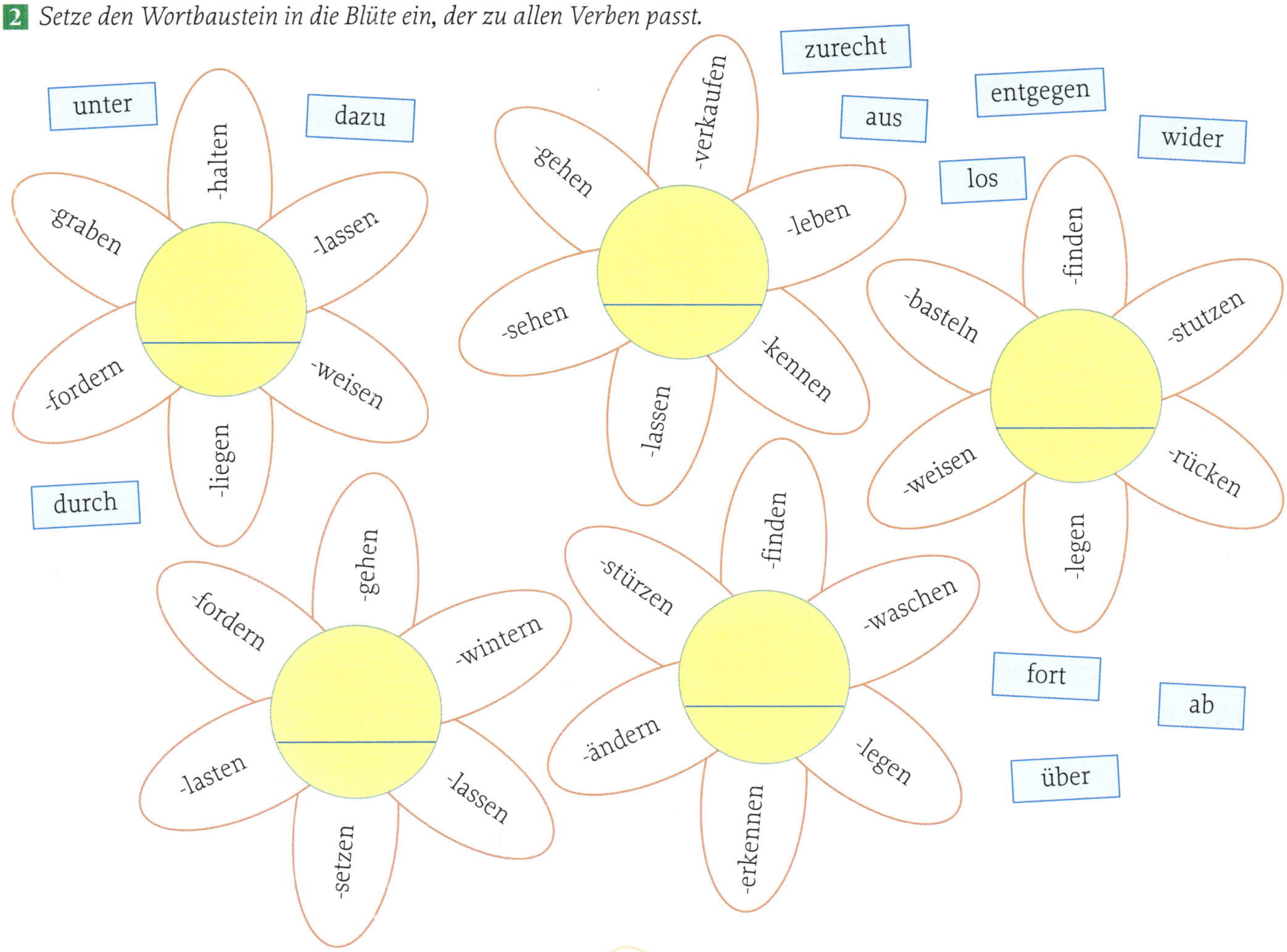

3 *Finde das jeweils passende Verb zu den Wortbausteinen.*

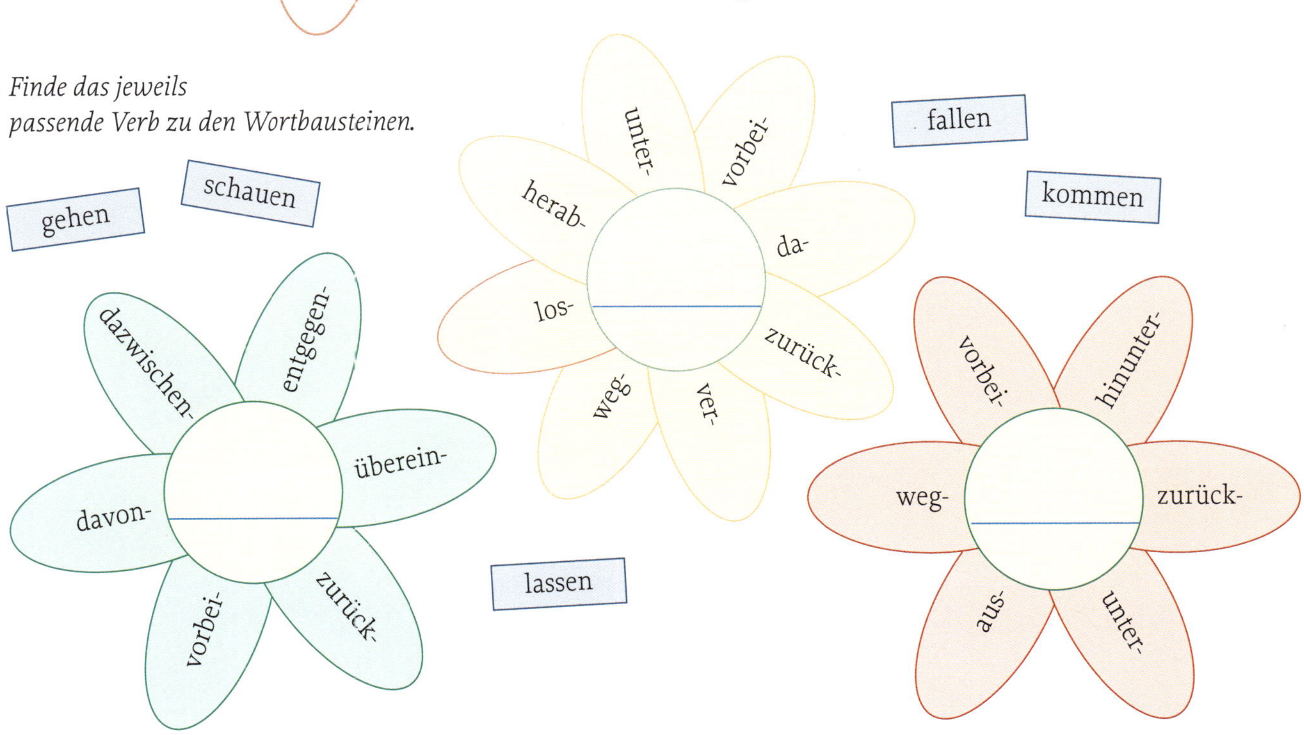

4 *Schreibe alle von dir neugebildeten Verben aus Aufgabe 2 und 3 in dein Heft.*

!

Um herauszufinden, ob eine **Verbindung von Adjektiv und Verb** getrennt geschrieben oder zusammengeschrieben wird, muss man eine Probe machen:

- Wenn Adjektiv und Verb wörtlich genommen einen Sinn ergeben, schreibt man sie getrennt, z. B.: *schwarz anstreichen* → Er möchte die Wand *schwarz anstreichen.*
- Wenn man Adjektiv und Verb gemeinsam nur im übertragenen Sinn verstehen kann, schreibt man sie zusammen, z. B.: *schwarzarbeiten* → Er hat *schwarzgearbeitet.*

5 *Prüfe, ob in den folgenden Sätzen die Ausdrücke in Klammern getrennt oder zusammengeschrieben werden:*

Am Montag will ich ______________________ (blau?machen). Dann kann ich endlich mal wieder ______________________ (lang?schlafen). Meinen Eltern werde ich ______________________ (weis?machen), dass ich Kopfschmerzen habe, die ______________________ (gemein?wehtun). Das wird mir nicht ______________________ (schwer?fallen), da kann gar nichts ______________________ (schief?gehen). Dann werden sie mich bestimmt ______________________ (krank?schreiben) und ich kann den ganzen Tag ______________________ (fern?sehen). Ob ich mich dabei ______________________ (lang?weilen)? Vielleicht muss ich auch im Bett bleiben, dann würde ich mich aber ______________________ (schwarz?ärgern). Schließlich haben wir nachmittags ein Sportfest und ich kann ziemlich ______________________ (schnell?laufen). Aber meine Eltern werden mir wohl ______________________ (nahe?legen), dass ich mich schonen muss. Vielleicht sollte ich sie doch nicht ______________________ (irre?führen), sondern lieber ______________________ (brav?aufstehen), ______________________ (schnell?frühstücken) und für den Lauf noch ______________________ (fleißig?trainieren)?

TIPP

Es gibt **Verbindungen**, die je nach Bedeutung getrennt oder zusammengeschrieben werden:
„Der Richter wird den Angeklagten *freisprechen.*“
„Ich mache mir Stichworte, damit ich beim Referat *frei sprechen* kann.“

6 *Entscheide, ob getrennt oder zusammengeschrieben werden muss.*

Diesen Rechnungsbetrag kann ich *(gut?schreiben)* ______________________.

Das Diktat will ich *(gut?schreiben)* ______________________.

Der Polizist muss den Dieb *(fest?nehmen)* ______________________.

Wenn du dich auf dein Glück verlässt, kannst du nie *(sicher?gehen)* ______________________.

Auf diesem Weg wirst du *(sicher?gehen)* ______________________.

Die Silbentrennung

Mehrsilbige Wörter trennt man nach **Sprechsilben**. Man kann sie beim langsamen, betonten Sprechen hören. Beispiele: „In-di-a-ner", „Pfer-de", „Häupt-ling"
Zusammengesetzte Wörter und Wörter mit einer Vor- und Nachsilbe werden **nach ihren Bestandteilen** getrennt. Beispiele: „wald-reich", „Block-hütte", „Rück-kehr"
Ein **einzelner Vokalbuchstabe** am Wortanfang oder -ende wird nicht abgetrennt. Beispiele: „Igel", „Kleie"
Bei mehreren Konsonanten im Wortinneren wird nur der **letzte** abgetrennt. Beispiele: „Zel-te", „Sat-tel", „Mes-ser"
Konsonantenverbindungen wie **ch, ck, sch** und die in Fremdwörtern vorkommenden Verbindungen **ph, th, sh** und **rh** werden **nicht getrennt**. Beispiele: „kna-cken", „La-sche", „Pro-phet", „Rhyth-mus"

1 *Kennzeichne mit einem senkrechten Strich (|), wo die Wörter getrennt werden können. Benutze in Zweifelsfällen ein Wörterbuch.*

Geronimo (ca. 1825 – 1909) – das Schicksal eines Indianerhäuptlings

Som|mer 1886: 5000 US-Soldaten und 3000 Mexikaner jagen einen Mann – Geronimo. Als sich der indianische Anführer wenige Monate später ergibt, ist einer der gefürchtetsten Widerstandskämpfer außer Gefecht. Kaum ein anderer Indianerführer hat so lange gekämpft wie er. 1876 sind die Chiricahua, sein Apachenstamm, aus ihrer Heimat im Grenzgebiet zu Mexiko in ein Reservat im Ödland von Arizona und New Mexiko vertrieben worden. Seither macht Geronimo, dem mexikanische Soldaten 1844 fast die gesamte Familie ermordet haben, mit einer Gruppe Indianer das Grenzgebiet unsicher, raubt und tötet. Mehrmals setzen ihn US-Truppen fest, doch immer wieder gelingt es ihm auszubrechen. Nachdem er sich schließlich ergibt, wird er von den Soldaten hart behandelt. In Ketten werden die Chiricahua nach Florida gebracht, viele sterben dort an Schwindsucht. 1894 müssen die Überlebenden nach Oklahoma übersiedeln. Geronimo dient als Ausstellungsstück: Präsident Roosevelt präsentiert ihn 1901 bei seinem Amtsantritt wie eine Trophäe. 1909 stirbt der alte Rebell. Erst viele Jahre später dürfen die letzten 187 Chiricahua nach New Mexiko zurück.

2 *Bei den folgenden Begriffen sind die Silben vertauscht worden. Notiere die verbesserten Wörter auf den Linien und füge dabei außerdem alle möglichen Trennungsstriche ein.*

NERWOHUREIN   DIANERIN   LINGHÄUPT   PFERTA   WEHRGE   GENBO   TIGMU
TURKUL   NIMATU   NENSONTANZ   RIEPRÄ   ERFISCH   GERJÄ   CKERABAU
GASTLICHFREUND   TREIVERBUNG   TERUNDRÜCKT   SERRETEVA   NUNGHOFF

Ur-ein-woh-ner, ______________________________

____

____

3 *Informiere dich über das Schicksal der nordamerikanischen Indianer in einem Jugendlexikon oder Sachbuch und schreibe mit Hilfe der Begriffe aus Aufgabe 2 einen kurzen Informationstext zu diesem Thema in dein Heft.*

Kurze Vokale

! Nach **betontem kurzem Vokal** folgen meist **zwei Konsonanten**. Hört man nur einen Konsonanten, wird er beim Schreiben **verdoppelt**. Beispiele: *E**bb**e, da**nn**, pla**pp**ern*
Statt verdoppeltem k schreibt man **ck**. Beispiele: *Zu**ck**er, Ma**ck**e, E**ck**e*
Statt verdoppeltem z schreibt man **tz**. Beispiele: *Ka**tz**e, Ta**tz**e, Ne**tz***

1 a) *Aus den folgenden Silben lassen sich 19 Wörter bilden, die alle etwas mit Essen und Trinken zu tun haben – nur eines passt nicht!*
Schreibe alle Wörter auf. Achte auf die Großschreibung.

was cker ding ter schüs fel zel
win gum ser fee lauch ret
del tof se ter mi kar knö
löf kle fel but sem ser kau
sup mer zu pud ja tich
sel cke mes ckern mel
hum schnitt kaf pe tas schnit

1. ____________ 7. ____________ 13. ____________
2. ____________ 8. ____________ 14. ____________
3. ____________ 9. ____________ 15. ____________
4. ____________ 10. ____________ 16. ____________
5. ____________ 11. ____________ 17. ____________
6. ____________ 12. ____________ 18. ____________

19. ____________

b) *Schreibe eine Geschichte in dein Heft, in der möglichst viele dieser Wörter vorkommen.*

TIPP

Bei vielen **Fremdwörtern** steht nach kurzem Vokal oft ein einfaches **k**, manchmal auch **kk** mit nachfolgendem Vokal. Beispiele: *Anora**k**, Lyri**k**, A**kk**ordeon*

2 *Ergänze **k** oder **kk**. Schlage im Zweifelsfall im Wörterbuch nach.*

dire___t, Tra___tor, Mo___a, pra___tisch, A___usativ, Do___tor, Dire___tor, Obje___t,

defe___t, he___tisch, perfe___t, Konfli___t, korre___t, Ma___aroni, Ta___t, A___ordeon, Pa___t,

Proje___t, Konta___t, Se___t, Archite___t

Lange Vokale

!

Die meisten **betonten langen Vokale (a, e, o, u)** schreibt man mit **einfachem Buchstaben**.
Beispiele: *Name, lesen, Schule*
Manchmal folgt **nach dem betonten langen Vokal** ein **h**. Beispiele: *Rahmen, nehmen, Sohle*
Oft, aber nicht immer erscheint das h in den Verbindungen **hl, hm, hn**, und **hr**. Es bleibt dann auch in verwandten Wörtern erhalten.

1 *Schreibe zu jedem Wort verwandte Wörter auf und unterstreiche die Wortstämme.*

fahren *die Abfahrt, die Fahrt, erfahren,* ______

erzählen ______

führen ______

fühlen ______

wohnen ______

bewahren ______

dehnen ______

Gefahr ______

Zahl ______

Lehrerin ______

2 *Bilde jeweils einen Satz mit den folgenden Wörtern und schreibe ihn in dein Heft.*

Mal	holen	Ware	Wal	malen	Uhrzeit
Mahl	hohl	wahr	Wahl	mahlen	Urmensch

3 *Wie wird aus „Kohl" „wahr", aus „Lohn" „Bahn" und „wohnen" aus „fahren"? Von Wort zu Wort darf nur ein Buchstabe verändert werden.*

K	o	h	l
		h	
		h	
		h	
w	a	h	r

L	o	h	n
		h	
		h	
		h	
		h	
B	a	h	n

f	a	h	r	e	n
		h			
		h			
		h			
		h			
		h			
w	o	h	n	e	n

> **!** Bei einigen Wörtern wird der **betonte lange Vokal a, e, o** durch **Vokalverdoppelung** gekennzeichnet.
> Beispiele: *Haar, leer, Moos*
> Bei manchen Ableitungen entsteht aus dem Doppelvokal ein einfacher Umlaut.
> Beispiel: *Paar – Pärchen*

4 *Füge die passenden Doppelvokale ein.*

Susanne und Frank liegen am S____ auf einer Wiese im weichen M____s und schauen in den Himmel, wo ein H____r von schn____weißen Wolken die wunderlichsten und schönsten Bilder entstehen lässt. „Siehst du dort, wie die Wolkenfetzen einen großen S____l bilden?! Dort tanzt eine F____ mit ganz langen H____ren!“ – „Also, ich sehe ein B____t auf dem M____r dahintreiben ...“ – „Jetzt sieht es auch schon wieder ganz anders aus, wie ein Blumenb____t. Schau nur, ein vierblättriges Kl____blatt. Und nun löst es sich in lauter kleine Erdb____ren auf.“ – „Erkennst du die Arm____ mit ihren erhobenen Sp____ren? Wie mag der St____t dort oben wohl heißen?“ Stundenlang könnten die beiden so in der W____gerechten liegen und sich Geschichten zu den Wolkenbildern erzählen. Aber dann erinnert Susanne sich: „Wie spät ist es eigentlich? Wir müssen doch zum Kaff____trinken wieder zu Hause sein! Und außerdem wollen wir doch noch in den Z____!“

5 *Welche Wörter mit Doppelvokal sind hier gemeint?*

Die geht im Frühjahr auf: ____________________

Auf dieser Seite weht kein Wind: ____________________

Ihm gehören Schiffe: ____________________

Man versinkt darin, wenn man nicht aufpasst: ____________________

Weiß wie ...: ____________________

Das Lieblingsgetränk der Engländer: ____________________

Nicht klug: ____________________

Straßen werden daraus gemacht: ____________________

Zwei, die zusammengehören: ____________________

Das Innere des Menschen: ____________________

Nicht voll: ____________________

> **!** Das **lang gesprochene i** wird fast immer **ie** geschrieben. Beispiele: *Tier, marschieren, tief*
> Nur in einigen **Kurzwörtern** (z.B. *wir, dir, mir*) und in **Fremdwörtern** (z.B. *Apfelsine, Goldmine, Vitrine*) steht ein **einfaches i**.

6 *Setze bei den Versen das fehlende Reimwort ein.*

Man glaubt es kaum: Auf unsrer Wiese
ruht ein schrecklich großer __________.
Und daheim in Babys Wiege
meckert eine freche __________.
Sie trank unbemerkt das Bier –
nun geht's ihr schlecht, dem armen __________.

7 *Sucht selbst lustige Reime zu folgenden Reimwörtern.*

1. D__b – l__b
2. marsch__ren – prob__ren
3. s__gen – l__gen
4. v__l – St__l
5. l__f – schl__f
6. verl__ren – pass__ren
7. fr__ren – N__ren
8. f__len – sp__len

1. ______________________________

____

2. ______________________________

____

3. ______________________________

____

4. ______________________________

____

5. ______________________________

____

6. ______________________________

____

7. ______________________________

____

8. ______________________________

____

> **!** **wieder und wider**
> *Wieder* mit **ie** bedeutet „noch einmal", „erneut". *Wider* mit einfachem **i** bedeutet „gegen", „entgegen".

8 *Fülle die folgenden Lücken aus. Schlage im Zweifelsfall im Wörterbuch nach.*

w___derholen, w___dersehen, w___derkommen, w___dersprechen, w___derstehen, w___derlich, W___derrede, w___derborstig, w___derfahren, w___derspiegeln, w___derwillig, W___derwort, w___derbekommen, W___derbelebung, w___dergeben, W___dergeburt, auf W___derhören.

☆ **9** *Wer kennt diese (Fremd-)Wörter – und weiß, wie sie geschrieben werden?*

1. Das meistübersetzte Buch ....
2. Getrocknete Traube ....
3. Im Urwald herrscht ein tropisches ....
4. Maßeinheit ....
5. Gemütlicher, warmer Ort für lange Winterabende ....
6. Welches ... hatte der Täter für sein Verbrechen? ....
7. Jeder Künstler hat seinen eigenen ....
8. Pflanzliches Fett ....
9. Dreibeiniges Gestell für Apparate ....
10. Die Tochter der Schwester meiner Mutter ist meine ....

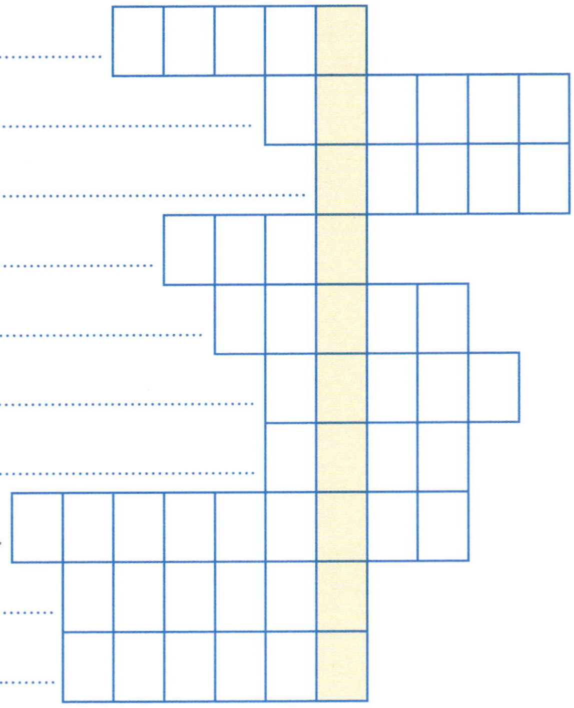

Wie heißt das Lösungswort? ____________________

! Es gibt nur wenige Wörter, in denen **das lang gesprochene i** mit **ieh** geschrieben wird.
Beispiele: *Vieh, ziehen, du siehst*
Nur in den Formen der Pronomen *ihm/ihr/ihnen* wird das **lange i** mit **ih** geschrieben.

10 *Unterstreiche alle im Text mit **ieh** und **ih** geschriebenen Wörter.*

Wer kennt diesen Vogel?

Nur selten kann man ihn heute noch sehen. Er nistet stets auf erhöhten Plätzen. Kirchtürme und andere hohe Gebäude bieten ihm gute Möglichkeiten, sein Nest zu bauen. Sein weißes Gefieder und sein roter Schnabel verleihen ihm sein typisches Aussehen. Diese Vögel verständigen sich untereinander mit ihren Gebärden und Klappern des Schnabels. Im Winter fliehen sie vor der Kälte und ziehen nach Afrika. Wenn ihnen auf ihrer langen Reise nichts geschieht, kehren sie im Frühjahr wieder auf ihre Kirchtürme und Dächer zurück. Über ihre Rückkehr im Frühjahr freuen sich viele. Und wenn in einem Haus ein Kind geboren wird, weiß man auch, wer dafür verantwortlich ist ...

11 *Drei der fünf angegebenen Verben bilden Personalformen mit einem lang gesprochenen i, das mit **ieh** wiedergegeben wird. Notiere diese Infinitive und die mit **ieh** geschriebenen Personalformen.*

sehen | bieten | verleihen | geschehen | wissen

sehen – du siehst, ____________________

____

____

s-Laut

!

Stimmhaftes s schreibt man immer mit einfachem **s**. Beispiele: *Lösung, riesig*
Stimmloses s nach **kurzem Vokal** schreibt man fast immer **ss**. Beispiele: *Wasser, muss, Tasse*
Stimmloses s nach einem **langen Vokal** oder **Diphthong** schreibt man **ß**. Beispiele: *Straße, reißen, außer*
Stimmloses s, das bei **Verlängerung stimmhaft** wird, schreibt man mit einfachem **s**.
Beispiele: *Gras – Gräser, reist – reisen, Maus – Mäuse*

1 *Wie werden aus „bösen Basen" „Vasen"? Von Zeile zu Zeile darf sich jeweils nur ein Buchstabe ändern!*

Die	b	ö	s	e	n	
	B	a	s	e	n	
mit den langen						
jagten auf den Feldern						,
rissen Löcher in die						,
wollten um den Nachtisch						.
Als die Eltern ihnen die Leviten						,
schlugen sie auch noch kaputt die						.

☆ **2** a) *Und wie wird aus „Riss" „kess"? Oder „lassen" aus „wissen" und „Soße" aus „Maße"? Verändere wie in Aufgabe 1 von Zeile zu Zeile je einen Buchstaben.*
b) *Schreibe mit deinen drei Wörterlisten Unsinnsgeschichten wie in Aufgabe 1 in dein Heft.*

R	i	s	s
k	e	s	s

w	i	s	s	e	n
l	a	s	s	e	n

M	a	ß	e
S	o	ß	e

3 *Bei folgenden Wörtern fehlen die s-Laute. Markiere zuerst die langen Vokale vor den s-Lauten mit einem Strich, die kurzen mit einem Punkt. Setze dann richtig* **ss** *oder* **ß** *ein.*

grü___en	bei___en	Spa___	genie___en
Fa___	er mu___	Verdru___	Bi___
Gesä___	Schu___	ha___en	Gewi___en
verla___en	geri___en	bla___	na___

4 *Trage in folgendem Lückentext jeweils den richtigen s-Laut ein:* **s, ss** *oder* **ß**.
Bilde Ableitungen oder Verlängerungen, wo es sinnvoll ist.
Schlage im Wörterbuch nach, wenn du trotzdem unsicher bist.

Bbbrrrr! Der Wecker ra___elt. Seufzend pre___t Katja ihren Kopf in das Ki___en. I___t es wirklich schon so weit? Mu___ sie jetzt tatsächlich ihr Bett verla___en? Ein dicker Klo___ sitzt ihr im Hal___ und ihr wird ganz hei___, wenn sie an die Schule denkt. Heute mu___ sie nämlich ein Versprechen einlö___en, weil sie eine Wette verloren hat: Gestern, auf dem Geburtstag ihrer ke___en Freundin Sonja, hat sie gewettet, da___ sie es schafft, auf einem Fu___ um den Tisch zu hüpfen und dabei die Erdbeerso___e auf den Grie___pudding zu gie___en, ohne da___ etwas neben die Schü___elchen flie___t. Leider hat da___ nicht geklappt – aber nur, weil die bö___e Miriam sie gesto___en hat. De___halb mu___ sie heute in der gro___en Pau___e den hä___lichen bla___en Georg kü___en – igitt! Lieber würde Katja ihm die Na___e abbei___en! Oder sich einen na___en Hundeku___ von ihrem sü___en Dackel gefallen la___en! Katja stö___t noch einen langen Seufzer aus. Dann rei___t sie sich aus ihrem Bett los und schleicht ins Bad. Eines wei___ sie jedenfalls ganz gewi___: So schnell lä___t sie sich nicht wieder auf eine so gro___e Dummheit wie diese Wette ein!

-ig/-lich

> **!** Um herauszuhören, ob ein Adjektiv mit -**ig** oder -**lich** geschrieben wird, kannst du es verlängern. Verwende es dazu zusammen mit einem Nomen.
> Beispiele: *schmutz**ig** – schmutz**ig**e Schuhe, herr**lich** – herr**lich**es Wetter*

1 *Verbinde jeweils ein Adjektiv mit einem passenden Nomen und ergänze die richtige Endung.*

Entscheidung · Reise · Nachbar · Erinnerung · Vorschlag · Turnübung
~~Geschichte~~ · Erfahrung · Schülerin · Nerv · Theaterstück · Lehrer

grusel*ige*	*Geschichte*	freundl___	______
schmerzl___	______	lust___	______
vorbildl___	______	wicht___	______
vernünft___	______	empfindl___	______
schreckl___	______	abenteuerl___	______
gefährl___	______	geduld___	______

2 *Bilde mit den Nomen und Verben aus den beiden Scheiben Adjektive mit Hilfe des jeweils passenden Suffixes -**ig**, -**lich** oder -**isch**. Schreibe alle Adjektive nach den Endungen geordnet in dein Heft.*

-ng/-nk

! Wenn du nicht sicher bist, ob ein Wort am Ende mit **ng** oder **nk** geschrieben wird, kannst du es verlängern oder eine Ableitung bilden, dann hörst du es: *eng* – *en**g**e Hose, Gelen**k** – Gelen**k**e.*

1 *a) Finde zu den folgenden Wörtern Reimwörter.*

trinken	Schrank	ringen	lenken	Gang
______	______	______	______	______
______	______	______	______	______
______	______	______	______	______
______	______	______	______	______
______	______	______	______	______

b) Dichte nun Zweizeiler mit Hilfe der Reimwörter. Zwei sind schon halb fertig, schreibe noch drei weitere.

1. In der Schule ist ein Gang,
   der ist ganz besonders ____________.
2. Auf dem Hof soll'n wir nicht ringen,
   ____________.
3. ____________
   ____
4. ____________
   ____
5. ____________

TIPP
Im Infinitiv kannst du die richtige Schreibweise hören.

2 *Ergänze die Verbformen im folgenden Text.*

Zum Geburtstag

Manch einer bri____t einen leckeren Kuchen oder eine Torte mit auf die Geburtstagsfeier. Ein anderer sche____t stilvoll eine Rose oder si____t gar ein Geburtstagsständchen – was allerdings nicht immer so sehr lieblich kli____t. Der Dritte wiederum stößt auf das Geburtstagskind an, tri____t ordentlich und schwi____t ein paar große Worte. Wer ist der liebste Gast?

d/t

!

Wenn du dir nicht sicher bist, ob ein Wort am Ende mit **d** oder **t** geschrieben wird, kannst du es **verlängern** oder eine **Ableitung** bilden. Beispiele: *Hund – Hun**d**e, Ta**t** – tä**t**ig*

1 *In die Lücken der Sätze müssen Ableitungen der unten stehenden Wörter eingesetzt werden. Hast du die Ableitungen gefunden, kannst du auch entscheiden, ob man das Wort mit **d** oder **t** schreibt.*

1. Mein Bruder wurde sehr ______________, weil ich ihm die Schokolade weggegessen habe.
2. Wenn man zu enge Schuhe trägt, bekommt man ______________ Zehen.
3. König Ludwig XIV. trug gerne prachtvolle ______________.
4. Es ist schrecklich, wie sehr Tiere bei der Aufzucht und beim Transport ______________ müssen, nur damit wir genug billiges Fleisch auf dem Tisch haben.
5. Sollte man häufig Vitamintabletten zu sich nehmen oder ist es ______________, frisches Obst zu essen?
6. Wer abenteuerlustig ist, reist in viele ______________.
7. Im Gebirge kann durch ein Gewitter ein harmloser Bach in wenigen Minuten zu einem ______________, reißenden Fluss anschwellen.
8. Ob es irgendwo im All noch unentdeckte ______________ gibt?
9. Bei Schlafmangel bekommen viele Menschen dunkle ______________ unter den Augen.
10. Gibt es eigentlich Umfragen, bei denen untersucht wird, was für Schüler/innen wirklich ______________ Unterricht ist?
11. Früher gingen viele Menschen sehr ______________ Wege zu Fuß.

Ran__ Wu__ wun__ Lei__ Wel__ wei__ wil__ Gewan__ Lan__ gesun__ interessan__

! Auch bei Zusammensetzungen bleibt **d** oder **t** erhalten. Beispiele: *San**d**burg, Lau**t**schrift, Kuns**t**unterricht*

2 *Bilde aus den beiden Wörterpools sinnvolle Zusammensetzungen und schreibe sie mit Artikel auf.*

die Geldbörse,

3 *Handelt es sich um eine Ableitung des Wortes „Ende" oder um das Präfix „ent-"? Diese Frage musst du dir für jede Lücke des folgenden Textes stellen und entsprechend **d** oder **t** einsetzen. Wenn du unsicher bist, schlage im Wörterbuch nach.*

En___lich! Die Schulglocke klingelt und dieses Mal werden die Kinder damit nicht nur in den Nachmittag, sondern in die Ferien en___lassen. Das en___lose Lernen, Schreiben, Üben und Hausaufgabenmachen ist vorbei und vor einem liegen schier unen___liche zwei Wochen Osterferien. Oliver weiß gar nicht, für welche herrliche Freizeitbeschäftigung er sich en___scheiden soll: mit den Pfadfindern am Wochenende auf En___deckungsreise gehen oder mit seinen Eltern den Speicher en___rümpeln, um sicherlich jede Menge wunderlicher und spannender Sachen zum Spielen vor der en___gültigen En___sorgung zu retten. Lina erzählt en___zückt, dass sie mit ihrer Familie in Frankreich die Loire en___langfahren wird, wo es ganz viele schöne Schlösser zu sehen gibt. Nur Max ist ein wenig en___täuscht. Er wäre so gerne mit seinen Eltern dem schlechten Wetter in den Süden en___flohen, aber weil seine Oma krank geworden ist, muss er nun doch zu Hause bleiben. Doch bestimmt hat er auch da keine Schwierigkeiten, der Langeweile zu en___kommen!

ks-Laut

! Der Laut **ks** kann von ganz unterschiedlichen Buchstaben oder Buchstabenkombinationen wiedergegeben werden: als **x, cks, gs, ks, chs**.

☆ **1** *Löse das Kreuzworträtsel. Achte dabei auf die Schreibung des ks-Lautes.*

Waagerecht:
1. alte Frau aus „Hänsel und Gretel“
2. Ein Arzt arbeitet in einer solchen.
3. Sein Freund heißt Moritz.
4. Bäume tun's, Blumen tun's, auch Kinder, Lehrer dagegen nicht.
5. süß, klein, lecker
6. Wenn etwas schon lange her ist, dann ist es schon ... vergangen.

Senkrecht:
1. Ohne diesen ist die Zubereitung von Sahne richtig Arbeit.
2. Manchmal bekommt man beim Einkaufen ein kleines Stück Wurst ...
3. Verbindung der Räder an einem Fahrzeug
4. So nennt man es, wenn man zum Beispiel Euros in amerikanische Dollars tauscht.
5. Wenn du ihn machst, musst du ihn schnell wieder wegwischen, macht ihn ein Künstler, kann er damit viel Geld verdienen.
6. nicht rechts
7. männliches Pferd

Zwei Laute, ein Buchstabe: v

! Das **v** ist ein besonderer Buchstabe: Mal spricht man es wie ein **f** (z. B. ***von***), mal wie ein **w** (z. B. ***violett***).
Du musst deshalb im Zweifelsfall im Wörterbuch nachschlagen.

1 *a) Die Lösungswörter dieses Rätsels beginnen alle mit **v**.*

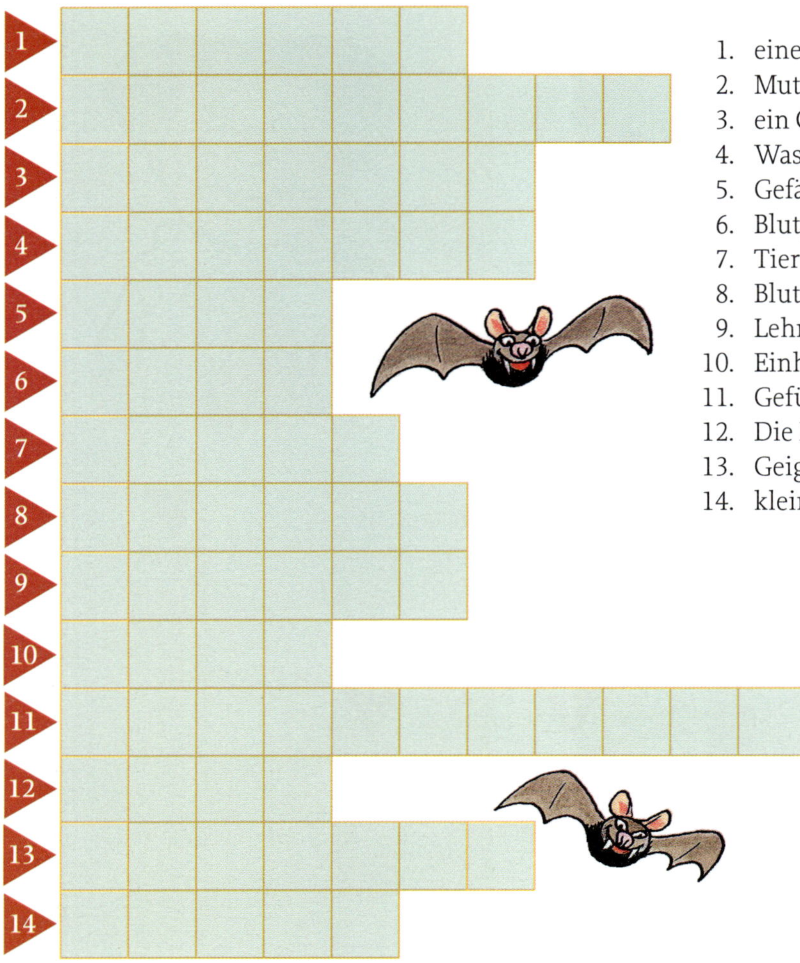

1. eine Sperre, die verhindert, dass das Rad Luft verliert
2. Mutter, Vater, Geschwister, Tanten, Onkel sind ...
3. ein Gewürz in Süßspeisen, z. B. Eis oder Pudding
4. Was sammelt das Eichhörnchen für den Winter?
5. Gefäß für Blumen
6. Blutgefäß
7. Tiere, die fliegen können
8. Blut saugendes Nachtgespenst
9. Lehnsmann im Mittelalter
10. Einheit der elektrischen Spannung
11. Gefühl nach unmäßigem Essen und Trinken
12. Die Bienen in einem Bienenstock bilden ein ...
13. Geige
14. kleinste Krankheitserreger

b) Trage die Lösungswörter in die Tabelle ein.

v gesprochen wie f	**v gesprochen wie w**

2 *In den beiden Buchstabenplänen sind jede Menge Wörter versteckt! Bevor du mit den Plänen Wörter bauen kannst, musst du entscheiden, welcher mit* f *und welcher mit* v *beginnt. Schreibe alle Wörter auf, die in den Plänen stecken.*

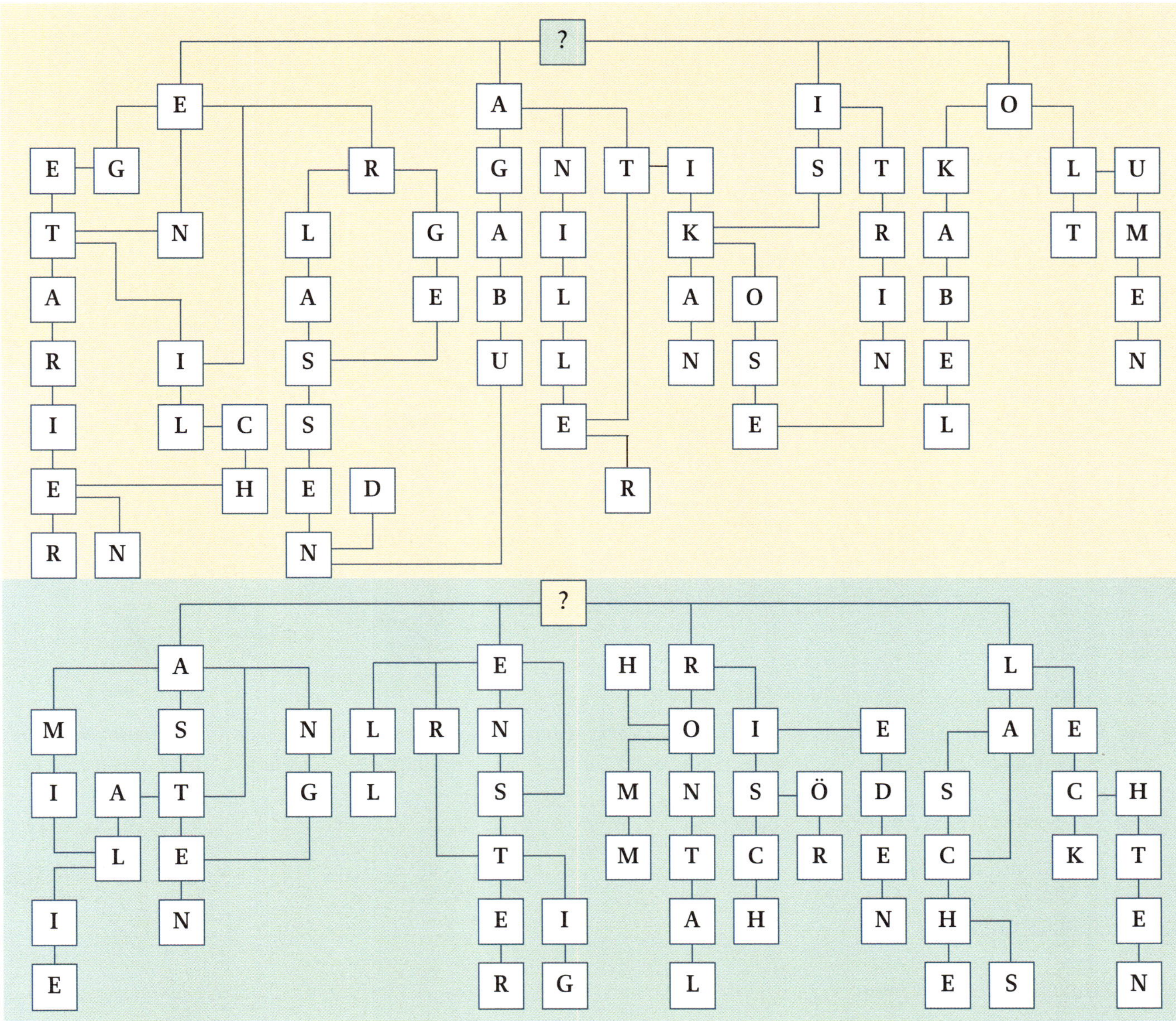

Wörter mit f	**Wörter mit v**

Häufig gebrauchte Fremdwörter

! **Fremdwörter** sind **Wörter aus anderen Sprachen**, die im Deutschen benutzt werden. Sie unterscheiden sich von den deutschen Wörtern meistens in Schreibung und Aussprache, weil sie sich nach den Regeln ihrer Herkunftssprache richten.

1 *In diesem Rätsel werden Fremdwörter gesucht. Wenn du die vorgegebenen Silben richtig kombinierst, findest du die gesuchten Wörter bestimmt*

Preisnachlass
Weltall
Nachschlagewerk
Vermerk
Mut C o u r a g e
Polizist
Peinlichkeit
Schulnote

Ra, U, xi, Bla, Le, ni, kon, ~~ge~~, ver, Zen, batt, ge, Gen, sum, tiz, darm, No, sur, ~~Cou~~, ma, ~~ra~~

Lösungswort: ______________________

2 *Aus den Buchstaben unten kannst du elf Fremdwörter bilden. Wenn du alles richtig machst, ergeben die Anfangsbuchstaben die Bezeichnung für eine Person, die für die Verständigung zwischen Menschen mit unterschiedlichen Muttersprachen sorgt.*

a, a, a, a, b, b, c, c, d, e, e, e, e, e, e, e, e, e, e, e, e, e, e, e, g, h, h, h, i, i, i, i, i, k, k, k, l, l, l, m, m, m, m, m, n, n, o, o, o, o, o, p, p, r, r, r, r, r, r, r, r, r, s, s, s, s, t, t, t, t, t, t, t, u, u, x, x

1. unmittelbar, sofort ______________________
2. Verkehrsmittel für viele Leute ______________________
3. Arbeitsstätte für wissenschaftliche Versuche ______________________
4. Werkstoff ______________________
5. Ausfuhr von Waren ______________________
6. Temperaturmesser ______________________
7. über zwei Kanäle übertragen ______________________
8. günstige Gelegenheit ______________________
9. fieberhafte Eile, Hast ______________________
10. Beispiel ______________________
11. Leiter beim Drehen eines Films ______________________

Lösungswort: ______________________

3 *Mit folgenden Texten kannst du **Eigendiktate** durchführen und dabei noch einmal die verschiedenen Rechtschreibschwierigkeiten üben.*
- *Lies erst den ganzen Text.*
- *Lies dann einen ganzen Satz durch.*
- *Präge dir eine Sinneinheit ein, die du auswendig aufschreiben kannst.*
- *Kontrolliere das Aufgeschriebene anschließend.*
- *Gehe den Text auf diese Weise Satz für Satz durch.*

Wenn du einen Lernpartner oder eine Lernpartnerin hast, könnt ihr auch ein Partnerdiktat schreiben.

Christine Nöstlinger
Das Austauschkind

Ich heiße Ewald Mittermeier und bin zu Anfang der Geschichte dreizehn Jahre und eine Woche alt. Am Ende der Geschichte werde ich dreizehn Jahre und sieben Wochen alt sein.
Was ich niederschreibe, ist, wenn ich meinen Deutschlehrer richtig verstanden habe, ein so genannter „Erlebnisbericht“, weil ich es wirklich erlebt habe. Ich werde versuchen mich kurz zu fassen. Ob mir das gelingt, weiß ich allerdings nicht, da die sechs Wochen, von denen ich berichten will, sehr ereignisreich und recht aufregend für mich und meine Familie waren. Und im Berichten von aufregenden Ereignissen bin ich kaum geübt, da bei uns zu Hause bisher nie etwas Aufregendes geschehen ist. (Wenn ich in der Schule einen Aufsatz schreiben musste – zum Beispiel – über einen Sonntag bei uns zu Hause oder so etwas Ähnliches, habe ich immer etwas erfinden müssen. Wirkliche Sonntage oder etwas Ähnliches bei uns zu Hause hätten keinen ordentlichen Aufsatz ergeben.) Meine Mutter sagt, das kommt davon, weil wir ein harmonisches Familienleben haben. Meine Schwester behauptet, das stimmt nicht. Wir haben gar keine Harmonie ...

Willi Fährmann
Siegfried von Xanten

Eine der abenteuerlichsten Geschichten ist die Sage vom jungen Siegfried. Er war ein Königssohn der Niederlande und lebte vor langer, langer Zeit in der überall bekannten Stadt Xanten. Die liegt dort, wo der Rhein auf das Meer zufließt. Sein Vater hieß Sigismund und seine Mutter Sieglinde. Siegfried wuchs zu einem jungen Mann heran und wurde groß und stark. Die Mädchen drehten die Köpfe nach ihm. Von den Männern wagte bald keiner mehr, seine Kräfte mit ihm zu messen. Denn er besiegte sie alle.
Eines Tages machte Siegfried sich auf. Er wollte ferne Länder sehen. Sieben Tage lang feierte man in Xanten ein Abschiedsfest. Viele hundert Gäste kamen aus dem ganzen Land. Ritter und Knappen von nah und fern trafen ein. In einem Wettkampf erprobten die Ritter ihre Stärke. Reiterspiele erfreuten die Gäste. Akrobaten, Tänzer und Schauspieler zeigten ihre Künste. Alle ließen es sich bei leckeren Speisen und süßem Wein gut gehen. Sigismund und Sieglinde ließen Geschenke verteilen. Die Gäste lobten das gelungene Fest. Viele Menschen in den Niederlanden sagten: „Siegfried soll der Herr über unser Land werden.“ Doch Siegfried hatte ganz andere Pläne ...

Lesetraining

Unterschiedliche Texte verlangen **unterschiedliche Vortragsweisen**. Während du einen Sachtext möglichst neutral und deutlich vorträgst, gewinnt der Vortrag einer Ballade oder einer Erzählung gerade dadurch, dass du **den Inhalt schon beim Lesen ausgestaltest und deutest**.
Du kannst Gestik, Mimik und Körperhaltung und deine Stimme dem Inhalt anpassen, sodass der Inhalt der Ballade oder der Erzählung besonders gut zur Geltung kommt.

Otto Ernst
Nis Randers

Krachen und Heulen und berstende Nacht
Dunkel und Flammen in rasender Jagd –
Ein Schrei durch die Brandung!

Und brennt der Himmel, so sieht man's gut:
Ein Wrack auf der Sandbank! Noch wiegt es die Flut;
Gleich holt sich's der Abgrund.

Nis Randers lugt – und ohne Hast
Spricht er: „Da hängt noch ein Mann im Mast;
Wir müssen ihn holen."

Da fasst ihn die Mutter: „Du steigst mir nicht ein:
Dich will ich behalten, du bliebst mir allein,
Ich will's, deine Mutter!

Dein Vater ging unter und Momme, mein Sohn;
Drei Jahre verschollen ist Uwe schon,
Mein Uwe, mein Uwe!"

Nis tritt auf die Brücke. Die Mutter ihm nach!
Er weist nach dem Wrack und spricht gemach:
„Und seine Mutter?"

Nun springt er ins Boot, und mit ihm noch sechs:
Hohes, hartes Friesengewächs;
Schon sausen die Ruder.

Boot oben, Boot unten, ein Höllentanz!
Nun muss es zerschmettern ...! Nein: Es blieb ganz! ...
Wie lange? Wie lange?

Mit feurigen Geißeln peitscht das Meer
Die menschenfressenden Rosse daher;
Sie schnauben und schäumen.

Wie hechelnde Hast sie zusammenzwingt!
Eins auf den Nacken des anderen springt
Mit stampfenden Hufen!

Drei Wetter zusammen! Nun brennt die Welt!
Was da? – Ein Boot, das landwärts hält –
Sie sind es! Sie kommen! – –

Und Auge und Ohr ins Dunkel gespannt ...
Still – ruft da nicht einer? – Er schreit's durch die Hand:
„Sagt Mutter, 's Uwe!"

1 *Lies die Ballade „Nis Randers" genau durch und markiere mit einem roten Farbstift alle Stellen im Text, die dir bedrohlich erscheinen. Mit einem blauen Farbstift kennzeichnest du im Anschluss alle Stellen, die die Furcht und Panik der Mutter zum Ausdruck bringen. Mit einem grünen Farbstift unterstreichst du alle Textpassagen, die den Heldenmut von Nis Randers deutlich werden lassen.*

2 *Trage die unterstrichenen Wörter in die Tabelle ein.*

Bedrohliche Natur	Furcht der Mutter am Ufer	Nis Randers' Heldenmut
Krachen und Heulen und		
berstende Nacht		

3 *Überlege dir zu diesen Elementen passende Gestik, Mimik und Körperhaltung. Markiere die Stellen, an denen du eine Pause für sinnvoll hältst, mit einem senkrechten Strich und kennzeichne mit Bleistift, wo du mit der Stimme nach oben oder nach unten gehst. Du kannst auch in der Lautstärke abwechseln. Übe den Vortrag zunächst vor einem kleinen Publikum.*

4 *Lies den folgenden Text laut vor. Notiere im Anschluss zusätzliche Informationen zu Begriffen, die du im Lexikon nachschlagen musstest, an passender Stelle am rechten Rand des Textes.*

5 *a) Unterstreiche mit einem Farbstift die wesentlichen Informationen, die deine Zuhörer bei deinem Vortrag auf jeden Fall erfassen sollen.*
b) Markiere die Stellen, an denen du eine Pause für sinnvoll hältst, mit einem senkrechten Strich.

6 *Lies nun den Text mit den Pausen und Betonungen so vor, dass das Wesentliche deutlich zu hören ist.*

Städte im Dschungel – Die Kultur der Mayas

Die Mayas waren ein Indianervolk in Mittelamerika. Anfangs lebten sie wie andere Menschen der Steinzeit. Und wie andere Gruppen gewannen sie allmählich größere Kenntnisse und Geschicklichkeiten. Doch diese amerikanischen Kulturen entwickelten sich völlig isoliert und ohne Verbindung mit den Menschen in Europa und Asien. Ohne Erfahrungsaustausch konnten sie nur langsam in ihrer Entwicklung fortschreiten. Niemand weiß genau, wann die Maya-Kultur entstand; man ist auf Vermutungen angewiesen. Einige Archäologen meinen, ihre Kultur habe irgendwann um 2000 vor Chr. begonnen, die Errichtung ihrer ersten großen Städte etwa 300 nach Chr. Die Mayas besaßen eine hoch entwickelte Kultur. Ihre Städte lagen in Yukatán, Honduras, Guatemala und in der südamerikanischen Provinz Chiapas.

Straßen waren durch den Dschungel gehauen und der Handel zwischen den Städten blühte. Sie errichteten riesige Bauten. Doch aus unbekannten Gründen ist die Maya-Kultur untergegangen. Ihre Städte wurden verlassen und bald vom grünen Dschungel verschlungen. Niemand weiß, was den Mayas widerfahren ist. Das ist ein Geheimnis, das wahrscheinlich niemals enträtselt wird.

7 *Versuche den folgenden Text flüssig vorzulesen. Achte dabei darauf, dass dein Vortrag dem Inhalt gerecht wird.*

Mio findet seinen Vater im Land der Ferne und erhält von ihm den Auftrag, den bösen Ritter Kato zu besiegen. Gerade befinden sich Mio und sein Freund Jum-Jum in der tiefsten Höhle im schwärzesten Berg. Astrid Lindgren erzählt diese Geschichte in ihrem Buch „Mio, mein Mio“.

Dann sahen wir uns um. Wir waren in einer großen Höhle. Es war dunkel, aber nicht völlig finster. Ein schwaches Licht leuchtete, aber man sah nicht, woher es kam. Aus der Höhle, in der wir standen, führten viele dunkle Gänge weiter in den Berg hinein.

In der tiefsten Höhle im schwärzesten Berg wohnt der Schwertschmied, hatte Eno gesagt. Sicher führte einer dieser dunklen Gänge zum Schwertschmied, aber welcher? Wir wussten es nicht. Wir fassten uns an den Händen, Jum-Jum und ich, und gingen tiefer in den Berg hinein. Wir fühlten uns so klein und verloren, und bis zur tiefsten Höhle war der Weg sicher noch lang.

„Wenn der Berg nur nicht so unheimlich wäre“, sagte Jum-Jum. „Wenn die Gänge nur nicht so dunkel wären und wir nicht so klein und einsam.“

Wir gingen und gingen. Die Gänge teilten sich. Nach allen Richtungen verzweigten sie sich. Ein ganzes Netz dunkler Wege war dort in dem Berg. Manchmal leuchtete der schwache Lichtschein etwas stärker, sodass man einige Meter weit vor sich her sehen konnte, aber manchmal war es so finster, dass man überhaupt nichts sah. Manchmal war der Gang so niedrig, dass man nicht aufrecht gehen konnte, und manchmal wölbte er sich so hoch wie in einer Kirche. Von den Bergwänden tropfte Wasser. Es war kalt und wir hüllten uns fester in unsere Mäntel, um nicht zu frieren. [...] Als ich getrunken hatte, wandte ich mich um nach Jum-Jum. Aber da war kein Jum-Jum mehr.

VORSICHT FEHLER!

Jum-Jum wo bist du schrie ich also so laut ich konnte aber mein Ruf war nur als unheimlich krächzendes Geflüster zu hören was war das nur für ein seltsamer Berg seine Felswände nahmen meinen Schrei entgegen und erstickten ihn es blieb nur noch ein Flüstern und das Flüstern kam zu mir zurück im Berg wurde mein Schrei zu einem flüsternden Echo Jum-Jum wo bist du flüsterte es heiser aus den finsteren Gängen Jum-Jum wo bist du ... Jum-Jum wo bist du da kam die Angst ich versuchte noch lauter zu schreien aber der Berg flüsterte nur.

8 *Im letzten Absatz fehlen die Satzzeichen. Umkreise zunächst die Satzanfänge, die dann großgeschrieben werden müssen, und füge danach alle fehlenden Satzzeichen ein. Lies den Text jetzt noch einmal laut und gut betont vor.*

Welche Wörter im Satz betont werden müssen, hängt oft vom Textzusammenhang ab. Das macht das folgende Beispiel deutlich: Links steht immer der gleiche Teilsatz, aber wie er zu betonen ist, wird erst klar, wenn du den zweiten Teilsatz mitliest.

Heute gehen wir in den Zoo,	gestern waren wir im Kino.
Heute gehen wir in den Zoo,	nächste Woche die Klasse 6 b.
Heute gehen wir in den Zoo,	letztes Mal sind wir mit dem Auto gefahren.

9 *Lies auch die weiteren Teilsätze auf der linken Seite mit unterschiedlicher Betonung, je nachdem, welche Aussage im zweiten Teilsatz folgt. Unterstreiche die Wörter, die du betonen musst.*

Martin mag Schokopudding am liebsten, aber Quarkspeise isst er auch gerne.
Martin mag Schokopudding am liebsten, Elsa isst lieber Vanillepudding.

Norbert fährt jetzt ein rotes Auto und ein rotes Fahrrad.
Norbert fährt jetzt ein rotes Auto, aber er fuhr früher ein blaues.
Norbert fährt jetzt ein rotes Auto und Renate das alte blaue.

Wir hoffen auf schönes Wetter, aber wir glauben nicht recht daran.
Wir hoffen auf schönes Wetter, weil wir einen Ausflug machen wollen.
Wir hoffen auf schönes Wetter, aber die Landwirte warten auf Regen.

Die Ferien beginnen im Juli, sie enden im August.
Die Ferien beginnen im Juli, aber Julias Urlaubsreise beginnt erst später.

Alle Hunde toben gerne im Freien, alle Katzen dösen gerne in der Sonne.
Alle Hunde toben gerne im Freien, nur meiner bleibt lieber im Haus.
Alle Hunde toben gerne im Freien, aber schlafen lieber drinnen im Warmen.

In der Schule muss man fleißig sein, aber nicht jeder ist das auch.
In der Schule muss man fleißig sein, zu Hause darf man auch mal faulenzen.

10 *a) Für die letzten beiden Sätze kannst du dir selber unterschiedliche Fortsetzungen ausdenken und dementsprechend die Betonung verändern.*
b) Unterstreiche auch hier die betonten Wörter und lies laut vor.

Jannis darf heute länger aufbleiben ______________________

Jannis darf heute länger aufbleiben ______________________

Jannis darf heute länger aufbleiben ______________________

Stina spielt gerne mit Anne und Lina ______________________

Stina spielt gerne mit Anne und Lina ______________________

Stina spielt gerne mit Anne und Lina ______________________

11 *a) Die folgende Geschichte solltest du besonders aufmerksam lesen.*

Paul Watzlawick

Die Geschichte mit dem Hammer

Ein Mann will ein Bild aufhängen. Den Nagel hat er, nicht aber den Hammer. Der Nachbar hat einen. Also beschließt der Mann, hinüberzugehen und ihn auszuborgen. Doch da kommt ihm ein Zweifel: Was, wenn der Nachbar mir den Hammer nicht leihen will? Gestern schon grüßte er in Eile. Aber vielleicht war die Eile nur vorgeschützt und er hat etwas gegen mich. Und was? Ich habe ihm nichts angetan; der bildet sich da etwas ein. Wenn jemand von mir ein Werkzeug borgen wollte, ich gäbe es ihm sofort. Und warum er nicht? Wie kann man einem Mitmenschen so einfach einen Gefallen abschlagen? Leute wie dieser Kerl vergiften einem das Leben. Und dann bildet er sich noch ein, ich sei auf ihn angewiesen. Bloß weil er einen Hammer hat. Jetzt reicht's mir wirklich. – Und so stürmt er hinüber, läutet, der Nachbar öffnet, doch noch bevor er „Guten Tag" sagen kann, schreit ihn unser Mann an: „Behalten Sie Ihren Hammer, Sie Rüpel!"

b) Wie gründlich du die Geschichte gelesen hast, kannst du nun mit diesem Test überprüfen: Kreuze jeweils die zum Text passende Aussage an.

1. ☐ Der Mann will eine Küchenuhr aufhängen.
   ☐ Der Mann will einen Spiegel aufhängen.
   ☐ Der Mann will ein Bild aufhängen.

2. ☐ Er hat keinen Hammer.
   ☐ Er hat kein Werkzeug.
   ☐ Er hat seinen Hammer dem Nachbarn geliehen.

3. ☐ Er hat sich am Tag zuvor mit dem Nachbarn gestritten.
   ☐ Er ist am Tag zuvor nicht vom Nachbarn gegrüßt worden.
   ☐ Er ist sich nicht sicher, ob der Nachbar etwas gegen ihn hat.

4. ☐ Der Nachbar will ihm keinen Hammer leihen.
   ☐ Der Mann steigert sich in die Vorstellung hinein, dass der Nachbar ihm nicht helfen will.
   ☐ Der Nachbar will ihm den geborgten Hammer nicht zurückgeben.

5. ☐ Der Mann beschimpft seinen Nachbarn ohne Grund, bevor dieser etwas sagen kann.
   ☐ Der Mann beschimpft den Nachbarn, weil dieser ihm keinen Hammer leihen will.
   ☐ Der Nachbar beschimpft den Mann, weil er ihm Unrecht getan hat.

Autoren- und Quellenverzeichnis

S. 61: ANDERS, GÜNTER: Der Löwe. Aus: Outz, Rosemarie/Müller, Udo (Hrsg.), Verschlüsselte Wahrheit. Fabeln für die Sekundarstufe I. E. Klett-Verlag, Stuttgart 1986, S. 21; **S. 9:** BÜRGER, GOTTFRIED AUGUST: Wunderbare Reisen zu Wasser und zu Lande, Feldzüge und lustige Abenteuer des Freiherrn von Münchhausen. Frankfurt/M. 1976; **S. 19:** COOPER, JAMES FENIMORE: Der Wildtöter nach: Der Wildtöter. Hg. u. bearb. v. Walter Scherf. Loewes, Bayreuth 1980, S. 6 f.; **S. 22:** CRAIGHEAD GEORGE, JEAN: Julie von den Wölfen. dtv, München 2001, S. 7–9; **S. 33:** Duden Fremdwörterbuch. Dudenverlag, Mannheim u.a. 1997, S. 763; **S. 61:** ERHARDT, HEINZ: Ritter Fips und das Zahnweh. Aus: Das große Heinz-Erhardt-Buch. Fackelträger, Hannover 1970, S. 236; **S. 89:** FÄHRMANN, WILLI: Siegfried von Xanten. Aus: Siegfried von Xanten. Arena, Würzburg 1993; **S. 34:** Kluge, Friedrich/Seebold, Elmar: Ethymologisches Wörterbuch der deutschen Sprache. Verlag, Berlin/New York[24] 2002, S. 606; **S. 93:** LINDGREN, ASTRID: Mio mein Mio. Oetinger, Hamburg 1955, S. 111–114; **S. 58:** MANZ, HANS: Fabeltier; Kraftprobe auf dem Pausenplatz; **S. 58:** Tierrätsel. Aus: Die Welt der Wörter. Sprachbuch für Kinder und Neugierige. Beltz, Weinheim und Basel 1991, S. 296, 185, 296; **S. 25:** MELVILLE HERMAN: Moby Dick. Aus: Die spannenden Abenteuergeschichten der Weltliteratur. Orbis Verlag, München 1983, S. 129 ff.; **S. 89:** NÖSTLINGER, CHRISTINE: Das Austauschkind. Aus: Das Austauschkind. Beltz & Gelberg, Weinheim 1982; **S. 54:** RUCK-PAUQUÈT, GINA: Räucherstäbchen im Salat. Nach: Der Löwe, der Mäuschen hieß und andere Geschichten. Elefanten-Press, Berlin 1989, S. 43 f.; **S. 59:** SCHÄDLICH, HANS JOACHIM: Der Sprachabschneider. Nach: Der Sprachabschneider. Rowohlt Taschenbuch, Reinbek 1980, S. 10 ff.; **S. 61:** SCHNURRE, WOLFDIETRICH: Politik. Aus: Outz, Rosemarie/Müller, Udo (Hrsg.), Verschlüsselte Wahrheit. Fabeln für die Sekundarstufe I. E. Klett-Verlag, Stuttgart 1986, S. 21.; **S. 7:** TWAIN, MARK: Tom Sawyer. Nach: Schulgeschichten. Hg. v. Cornelia Ziegler. Loewe, Bindlach 1996, S. 24 ff.; **S. 16:** Wegbeschreibungen nach: Ullrich, Hans/Riffler, Bernd: Wandern mit der S-Bahn. Berg bei Bruckmann, München 1997, S. 54 f.; **S. 17:** Was ist Was? Das Mikroskop. Neuer Tessloff Verlag, Hamburg 1962, S. 7–9; **S. 95:** WATZLAWICK, PAUL: Die Geschichte mit dem Hammer. Aus: Anleitung zum Unglücklichsein. Piper, München/Zürich 1983, S. 37 f.; **S. 48:** Eulenspiegel wird dreimal getauft. Nach: Till Eulenspiegel und seine lustigen Streiche. Neu erzählt von Margit Pflagner. Tosa, Wien o. J., S. 6; **S. 57:** Goethe ist gut. Aus: Goethe ist gut. Ein Goethe-Lesebuch. Hg. v. Dagmar Matten-Gohdes. © Beltz Verlag 1982, 1988, Programm Beltz & Gelberg, Weinheim

Bildquellenverzeichnis

S. 10: Sempé: Der kleine Nick. © 1974, 2001 by Diogenes Verlag AG Zürich; **S. 19:** Titelabbildung: James Fenimore Cooper: Der Wildtöter. © Arena Verlag GmbH; **S. 38:** Otto Schwalge, Köln; **S. 56:** Titelabbildung: „Goethe ist gut. Ein Goethe-Lesebuch". Hg. v. Dagmar Matten-Gohdes. Verlag Beltz & Gelberg,Weinheim. Illustration: Wolfgang Rudelius; **S. 57:** aus: ebd.; **S. 60:** © akg, Berlin; **S. 73:** © akg, Berlin; **S. 92:** Corel Library; **S. 93:** Lindgren, Astrid: Aus: Mio mein Mio. © Oetinger Verlag, Hamburg, S. 109

Zu diesem Arbeitsheft gibt es einen passenden Schulaufgabentrainer (ISBN 978-3-464-60387-1) und das Grundwissen zum Nachschlagen (ISBN 978-3-464-60376-5).

Impressum

Die Grundlage für dieses Werk wurde erarbeitet von:
Jan Diehm, Cordula Grunow, Angela Mielke und Irmgard Schick

Redaktion: lüra – Klemt & Mues GbR, Wuppertal

Illustrationen: Thomas Binder, Amelie Glienke, Wolfgang Mond, Barbara Schumann
Umschlaggestaltung: Katharina Wolff (Foto: Thomas Schulz, Illustration: Klaus Müller)
Technische Umsetzung: Anna-Maria Klages, Wuppertal

www.cornelsen.de

Druck: Parzeller print & media GmbH & Co. KG, Fulda

Ausgabe ohne CD
2. Auflage, 10. Druck 2015
ISBN 978-3-464-60358-1

Ausgabe mit CD
1. Auflage, 2. Druck 2013
ISBN 978-3-464-60415-1

PEFC
PEFC/04-31-1308

PEFC zertifiziert
Dieses Produkt stammt aus nachhaltig bewirtschafteten Wäldern und kontrollierten Quellen.

www.pefc.de